远祖谜踪

巫山玉米洞发掘记

黄万波 魏光飚 易 军 ◎著

重庆三峡古人类研究所
重庆巫山博物馆
中国科学院古脊椎动物与古人类研究所

科学出版社
北京

内 容 简 介

玉米洞遗址是关于史前人类文明的重大发现，它的石器具有独一无二的技术特征，其器型和打制技术等都与众不同，受到国内外专家和社会各界的广泛关注。本书生动地讲述了玉米洞发掘的曲折历程，展示了远古人类的生存环境及珍贵器物、化石等图片，反映了玉米洞独特的文化内涵，带领我们更加全面和深入地探知人类文明史。

本书集权威性、知识性、趣味性于一体，深入浅出，图文并茂，非常适合大众阅读和收藏，也是考古学、人类学、地学、洞穴学等领域研究者的重要参考资料。

图书在版编目（CIP）数据

远祖谜踪：巫山玉米洞发掘记/黄万波，魏光飚，易军著.—北京：科学出版社，2016.1
ISBN 978-7-03-045974-9

Ⅰ.①远… Ⅱ.①黄…②魏…③易… Ⅲ.①洞穴遗址-发掘报告-巫山县 Ⅳ.①K878.35

中国版本图书馆 CIP 数据核字（2015）第 242804 号

责任编辑：侯俊琳　田慧莹　刘巧巧／责任校对：张怡君
责任印制：张　倩／封面设计：无极书装
编辑部电话：010-64035853
E-mail：houjunlin@mail.sciencep.com

科学出版社　出版
北京东黄城根北街 16 号
邮政编码：100717
http://www.sciencep.com

新科印刷有限公司　印刷
科学出版社发行　各地新华书店经销

*

2016 年 1 月第　一　版　开本：720×1000　1/16
2016 年 1 月第一次印刷　印张：17 1/4
字数：170 000
定价：48.00 元
（如有印装质量问题，我社负责调换）

赞玉米洞

寻踪觅祖,入穴无数。

玉米洞府,三峡明珠。

居室宽大,堆积满腹。

天窗采光,冷暖适度。

文化遗存,内涵丰富。

石器制品,独创技术。

洞主沉睡,至今未苏。

何时醒来,唤者有数。

黄万波
2015年5月1日

序 言

玉米洞在当地人的心目中是个收藏杂物、种植蘑菇之地。它就这样一代又一代地延续至今，宁静地度过了一个又一个世纪。

然而，当你迈进玉米洞的那一刹那，情况则有了天壤之别，直到考察完了洞穴的全貌，才意识到它是长江三峡腹地一个史前人类的最佳豪宅。说它是豪宅，概括有四：①居室宽敞，由东至西面积近2000平方米；②洞室天窗明亮，空气流通；③室内温度四季保持在6~16℃，湿度70%~80%；④洞外空旷，一目了然。

玉米洞进入考古史册的时间至今还不到10个年头。屈指回溯，2005年11月18日那天，中-法联合考察队在巫山龙骨坡遗址发掘，龙骨坡后山有个叫唐承松的农民传来一则信息，说在玉米村一个山洞里挖出一个"人脑壳"。不用说，从事史前文化的考古工作者，谁都会为之震惊！为之前往！笔者更不会无动于衷，因为龙骨坡与玉米村近在咫尺，步行

1个小时左右就能到达。

  自那时起，笔者对这个有"人脑壳"的山洞产生了浓厚的兴趣。为了考察、记录和对外宣传之便，借用所在地"玉米"二字给它起了个名字，叫作"玉米洞"。

  玉米洞地理坐标为 30°5′44″N、109°38′09″E，海拔 1100 米，坐落在巫山山脉的大环境之中，背靠仙女洞，面朝龙骨坡，是一块风水宝地，人见人爱。

  为了让这块风水宝地早日开发，展示其文化内涵，笔者把它推荐给了三峡古人类研究所。

  2011 年深秋，具有远见卓识的三峡古人类研究所所长魏光飚，欣然带领考察队走进了玉米洞。随即对洞内的岩溶形态、堆积地层、沉积环境、化石埋藏等进行了考察，把周围的山山水水也汇入其中。初步认定，玉米洞的的确确是个尚未开发的史前"处女地"。

  随着开发计划的落实和研究工作的深入，经过两次试掘、两次发掘，现已采集骨、牙、角制品数十件，石制品近 2000 件，哺乳动物化石近 1000 件，属种过 30。然而当这个新的地点、新的文化内涵传开后，对其理解并非大同小异，而是是与非之别。拿石制品来说，是自然作用而生、还是人之所为？又如刻画艺术品，其制作机理是天然、还是人为？如此等等疑团向研究者提出了一个最为严峻的挑战。

  在科学研究领域里，由于认识角度的不同、思维方式的区别，对某一个学术问题或器物的鉴别会出现分歧，甚至各持己见，这都是正常现象。然而归根结底，我们必须拿出更多的、更有论证实力的标本才能令人信服。与此同时，还要听取多学科的国内外专家、学者的意见和指导，才能推动玉米洞之研究工作稳步地向前发展。

三峡古人类研究所魏光飚博士对玉米洞的是非问题早有所闻，意识到是开个学术研讨会的时候了，这个设想立即得到了重庆中国三峡博物馆领导的认同与支持。

2013年11月27~30日，前来出席重庆巫山玉米洞学术研讨会的专家、学者，有中国科学院古脊椎动物与古人类研究所的高星、金昌柱、王元，北京大学的王幼平、夏正楷，吉林大学的陈全家，西南大学的谢世友，广西民族博物馆的王頠，云南文物考古研究所的吉学平，重庆市文化遗产研究院的白九江，重庆自然博物馆的周世武，以及重庆市文物局、重庆中国三峡博物馆、巫山县文化局和巫山县博物馆等的领导。他们来到三峡，考察了玉米洞，目睹了它的真容。在动手从原生地层中发掘出了多件石制品后，他们对玉米洞的文化属性给予了充分肯定和很高的评价。他们认为，玉米洞的石器工业在其器型和打制技术等方面都与众不同，在长江三峡地区尚属首次发现。

法国巴黎第十大学资深旧石器考古学家博侬达教授和雨白博士参观了玉米洞的石制品后，与中国学者一样，也认为玉米洞遗址石器工业具有独一无二的技术特征，与欧洲、非洲、近东甚至印度次大陆的石器文化相比均表现出明显差异。即便是与东南亚地区（如泰国、越南、柬埔寨、老挝等）对照，玉米洞的文化也是独树一帜的。

中外学者对玉米洞遗址及其文化性质的肯定,既是鼓励,也是鞭策。作为发掘记,更要深入到发掘现场,写出更为具体的器和物。也就是说,对每个探方的出土物既要纪实,又要求有骨有肉,因为每件器物都是通过发掘者的辛勤劳动获得的。

根据目前的研究工作状况,玉米洞的发掘将会进行若干年,这是因为玉米洞的堆积地层分布广、厚度大,文化遗存丰富,倘若把发掘工作全面结束后再来写《远祖谜踪:巫山玉米洞发掘记》,恐怕就太晚了。因为随着时间的推移、人员的变动,一些资料难免有所遗失或遗忘。为此,本书出版后我们还会对玉米洞的发掘工作记录、图片等做进一步的补充。

本书的编写工作是在参与发掘的同仁协助下完成的。现将参与玉米洞发掘的同仁按时间顺序罗列如下:

2005 年:黄万波、徐自强、徐鹏、龙代清。

2011 年:黄万波、魏光飚、裴健、陈少坤、贺存定、秦利、张真龙、龙代清、莫冰。

2012 年:陈少坤、魏光飚、黄万波、贺存定、刘光彩、张真龙、龙代清、莫冰。

2013 年:贺存定、魏光飚、黄万波、陈少坤、庞丽波、吴雁、刘光彩、张真龙、龙代清、莫冰、张兵。

由于水平所限,本发掘记中难免会存在一些缺陷或遗漏。在此,我们诚恳地欢迎广大读者批评指正,以便日后修订。

序　言

　　本发掘记得到了重庆市文物局、重庆中国三峡博物馆的关切，巫山县文化局、巫山县文物管理所特别为本书的出版赞助资金，易军为玉米洞的考察、发掘和本书的写作均给予了帮助，刘光彩为本书清绘插图，我们在此深表感谢。同时，对参与发掘的同仁和农民工表示诚挚的敬意；对野外作业期间向我们提供方便的庙宇镇政府深致谢忱。

黄万波

2015 年 1 月

目 录

序 言 / i

第一章　扣人心弦的信息 / 1
　　一、为之震惊！为之前往！ / 3
　　二、走近玉米村 / 6
　　三、扶梯下洞 / 11
　　四、初见成效 / 14

第二章　寻觅"人脑壳" / 19
　　一、见证者亲临现场 / 21
　　二、"兵"分两路 / 25
　　三、骨块上的疤痕 / 27

第三章　试掘玉米洞 / 31
　　一、历史回顾 / 33

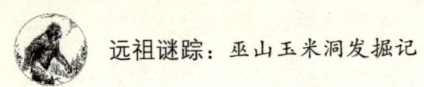

　　二、重返玉米洞　/ 36

　　三、再现大熊猫　/ 39

　　四、一路遐想　/ 44

第四章　骨头上的神秘信息　/ 49

　　一、寻找与对比　/ 51

　　二、两块叩门骨　/ 54

第五章　洞口之谜　/ 57

　　一、闲谈的启迪　/ 59

　　二、"地下超级大舞台"　/ 62

第六章　布方问路　/ 69

　　一、抚摸脉路的行者　/ 71

　　二、薯地的联想　/ 76

　　三、朝思暮想之见证　/ 79

　　四、喜讯传四方　/ 82

第七章　规范发掘　/ 87

　　一、组建发掘队　/ 89

　　二、出征　/ 91

　　三、进入角色　/ 94

　　四、讯问与回答　/ 97

目 录

　　五、谁砍断了鹿角的主枝　/ 100

第八章　罕见之物　/ 105

　　一、大型砍砸器的出土　/ 107

　　二、矛尖器的问世　/ 110

第九章　石头之谜　/ 115

　　一、巨石的形成　/ 117

　　二、河卵石之由来　/ 119

　　三、空欢喜一场　/ 122

第十章　法国学者的来访　/ 125

　　一、考古学家博侬达　/ 127

　　二、棒、棒、棒　/ 129

第十一章　再发掘　/ 133

　　一、三进玉米洞　/ 135

　　二、旗开得胜　/ 137

　　三、用火遗迹　/ 141

　　四、似手斧　/ 145

　　五、子母器　/ 148

　　六、喙嘴器　/ 153

　　七、石砧　/ 155

八、三棱石　/ 158

第十二章　石、骨、角、牙制品　/ 165

　　一、石制品　/ 167

　　二、骨制品　/ 173

　　三、角制品　/ 175

　　四、牙制品　/ 177

　　五、跖骨上的刻槽　/ 181

第十三章　哺乳动物化石　/ 185

　　一、豺（*Cuon* sp.）　/ 187

　　二、巨貘（*Megatapirus* sp.）　/ 188

　　三、双角犀（*Dicerorhinus* sp.）　/ 190

　　四、鬣狗（*Hyaena* sp.）　/ 191

　　五、剑齿象（*Stegodon* sp.）　/ 193

　　六、巴氏大熊猫（*Ailuropoda melanoleuca baconi*）　/ 195

　　七、虎（*Panthera tigris*）　/ 195

　　八、马（*Equus* sp.）　/ 196

　　九、野猪（*Sus scrofa*）　/ 196

　　十、肢骨（Limb bones）　/ 197

　　十一、肋骨（Rib）　/ 199

第十四章　地层、溶洞与年代　/ 201

　　一、T1～T8 探方地层剖面　/ 203

　　二、玉米洞及其天窗的形成　/ 209

　　三、玉米洞堆积地层年代　/ 214

第十五章　发掘工地一瞥　/ 217

　　一、洞口外的采集品　/ 219

　　二、卷扬机　/ 219

　　三、冲击钻　/ 224

　　四、照明　/ 225

　　五、修理地层剖面　/ 226

　　六、工地缝补　/ 228

　　七、来访者　/ 229

　　八、筛洗、清洗、运输　/ 234

第十六章　整理标本　/ 237

　　一、寻找落脚地　/ 240

　　二、前往张关　/ 241

　　三、分组作业　/ 242

　　四、意外的发现　/ 244

　　五、繁忙的石制品小组　/ 249

后记　/ 257

第一章 扣人心弦的信息

第一章　吸入の準備と計画

第一章 扣人心弦的信息

一、为之震惊！为之前往！

2005年11月18日，中-法联合考察队在巫山龙骨坡遗址进行发掘工作，上工不久，龙骨坡遗址看守员龙代清（小名大龙）来到笔者发掘的探方跟前，轻轻地叫了声黄教授，笔者随即应声："有什么事？"

龙骨坡遗址发掘现场（右：黄万波）

龙骨坡遗址第 4 水平层发掘情景（左 1：法国考古学家博依达）

大龙打了个手势：不要打扰在场的法国人，有话只对笔者说。

明白其来意后，我们走到距离发掘地点稍远的竹林旁边，在一棵柏树下停了下来，大龙随即把他昨天也就是 25 日听到的事诉说了一遍："龙骨坡后山高地有个叫唐承松的农民，看上去 40 岁开外，他趁来庙宇镇赶场（庙宇镇每逢 2、5、8 为赶场日）之机，把他在玉米村山洞见到农民挖出个'人脑壳'的事，让我嘱托于您，让您有机会前去看看。"

笔者听了这个扣人心弦的信息，既惊喜又困惑，惊喜的是，山洞挖出个"人脑壳"，倘若是化石，在三峡地区来说那可是个了不起的大发现啊！困惑的是，类似这样的情况曾多次相遇，诸如 1958 年，说在广西一个山洞挖出个"人脑

第一章 扣人心弦的信息

庙宇镇一角

壳",后经调查证实,它不是"人脑壳",而是被碳酸盐类物质胶结起来的大象股骨头;又如在长江三峡地区一个落水洞的堆积层发现了"人熊头",后经调查证实,它不是"人熊头",而是一个熊猫头。

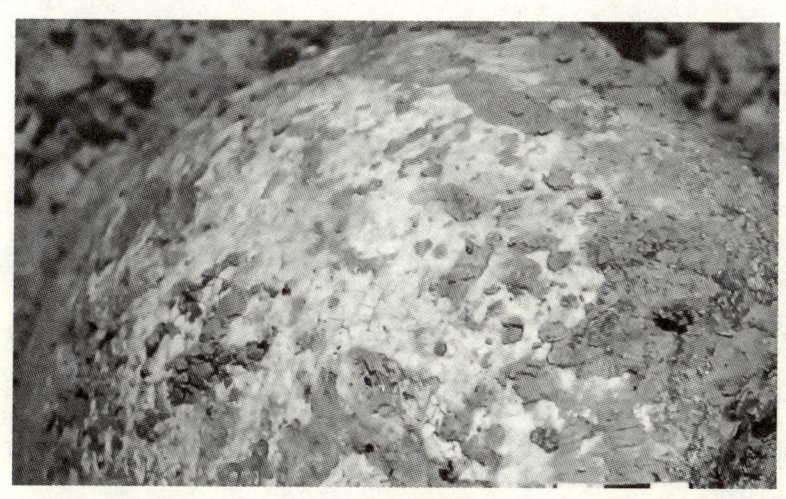

大象股骨头

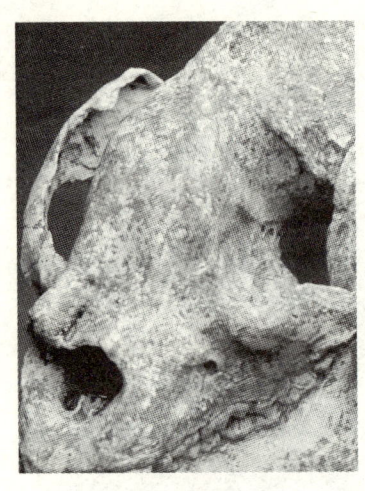

熊猫头

不管怎么样，玉米村"人脑壳"的信息深深地吸引着笔者。事不宜迟，在大龙的陪同下于次日清晨出发了。临行前，龙骨坡遗址发掘队的侯亚梅、博依达、徐自强等前来送行，祝我们好运！

大龙向他们挥手致意，说了句庙宇话："我们是去打前战的，好戏在后头呢！"

笔者接过大龙的话茬："只有走进玉米村，才能目睹其真容！"

二、走近玉米村

玉米村隶属庙宇镇，地处中国西部，它的相对地理位置在长江南岸，东临秀峰和官渡两区，西北与奉节相望，全区面积290平方公里。从区域地理的角度分析，庙宇镇周围的地形呈现出"鄂西期夷平面""山原期夷平面"。两个夷平面海拔相对高程800～2200米。自然环境属于峰丛喀斯特景观，由三叠纪嘉陵江石灰岩溶蚀而来。这一喀斯特地貌沿庙宇盆地东北缘一直绵延达数十公里。庙宇河道在流经巫山背斜时，受其阻隔，在核桃树以三个巨大的落水洞入大溪与长江相汇。

庙宇盆地由于地势较高，年无霜期只有250天，年平均气温 14℃，年降雨量 1065 毫米。土壤为红色酸性土，植被属温带落叶阔叶林。

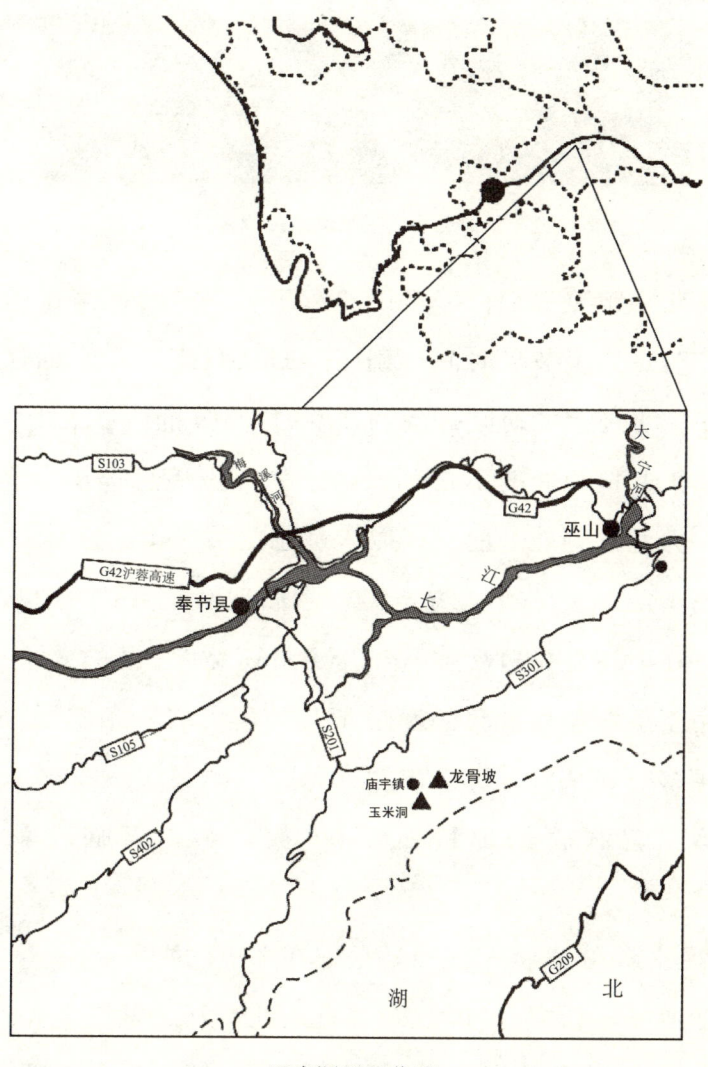

玉米洞地理位置

玉米村位于长江南岸重庆市巫山县庙宇镇后山，地理坐标为 30°50′44.4″N、109°38′09.2″E，海拔 1100 米，距巫山山脉西端的山间溶蚀盆地——庙宇盆地和著名的史前遗址——龙骨坡遗址约 4 公里。

龙骨坡——玉米洞地理位置

从庙宇镇至玉米村，虽说路程不远，步行起来也得花费个把小时。为了节省时间，租了一辆小货车，乘车前往几乎节省了一半还多的时间，大约在 9 时 10 分抵达了玉米村。

前来迎接我们的不是别人，正是那位信息提供者——唐承松。大龙立刻迎上前去，以表敬意之情。

唐承松也十分有礼貌，笑容满面地对笔者说："欢迎黄教授，在电视里见过您多次，身子骨还是那么好！"

由于探洞急切，我们寒暄了几句就沿着一条羊肠小道缓行，不多时便来到了那个出"人脑壳"的洞穴。

唐指着洞底的那堆乱石："黄教授，人脑壳就埋在那里。"

"你怎么知道'人脑壳'是埋在那里的呢？"

唐叹了一口气："说起来真有点儿不好意思！"

"不要紧，没有外人，希望您能如实地告诉我们。"

唐略微思考了一下，便把话匣子打开了："这个洞原本是有洞顶的，由于开采马牙石（地质学上叫白云石）把洞顶炸塌了。一天，我们在塌落下来的石块旁边作业，与我一起

第一章　扣人心弦的信息

出"人脑壳"的洞穴

洞壁上的"马牙石"

干活的冉绍清忽然从黏土层挖出个'人脑壳',把他吓了一

9

跳!本能地说了句:'真倒霉。'随即把它丢进了距离我们大约4米远的石堆里。"

笔者紧跟着问:"你看见'人脑壳'没有?"

唐答:"没有看清,但他确实是向石堆丢了个东西。"

唐接着又说了句:"黄教授,我们山里人,谁见了'人脑壳'都是不吉利的呀!"

埋"人脑壳"的地方——洞壁下的乱石堆

唐承松对"人脑壳"出土情节的叙述,更加激励了我们下到洞底,查看虚实。

但是,我们站着的地方,距离洞底少说也有10米之遥,且垂直陡峭,怎么办?

大龙看出了笔者的心思,连忙说:"系着绳子,顺梯而下。"

唐承松对大龙的点子深表赞赏。接着打了个手势,意思是说我家有梯子、有绳子。

不多时,他扛来了梯子和绳子,尔后走到崖壁的缺口处,目视着崖壁下的地形自言自语地道了几句,缺口是下洞的最佳地点。

寻找下洞入口

"对头,这个地方的安全系数最高,就这么办。"大龙说。

主意拿定,立刻忙了起来,查看地形、捆绑梯子、固定绳索等工作做了一遍又一遍,感到万无一失后,大龙风趣地指着缺口下的梯子说:"教授,请吧!"

三、扶梯下洞

扶梯下洞对笔者来说并不陌生,1956年在湖北考察一个

11

捆绑长梯

漏斗状的洞穴,其深邃程度远大于此。但是该洞时陡时缓,笔者都没有畏惧感。可眼前的场景,说句心里话,谁见了都会打个寒战!

大龙见状,又出了个点子:"让唐承松先下——他是山里人,从小就与坡坡坎坎打交道,不用说有梯、有绳,就是徒手,他也能对付几下子。"

"龙大哥,你不要这么夸我,咱们都是山里人,彼此彼此!"唐承松说完转过身来挽着笔者的胳臂说:"教授,把地质锤和挎包给我,尽量减轻您的负担。再有,下梯时把身子转过来,面朝崖壁背朝天,一手拉绳一手扶梯,慢慢地下,我们山里人就是这么操作的。"

万事开头难,在梯子跟前试了好几次,笔者才勉勉强强把躯体转了过来,面朝崖壁背朝天,扶梯、拉绳往下行。由于扶梯、拉绳的动作不协调,导致梯子晃了好几下,吓得笔者出了一身冷汗!

先遣下洞的唐承松急忙扶着梯子大声喊道:"教授,不要紧张,不要紧张……"

下梯时的情景(左:入口,右:下梯)

听了唐承松的喊声,笔者这才定了定神,壮了壮胆。可是映入眼帘的陡峭崖壁,还是令人生畏,虽说梯下有人做"保镖"。

不多时下到了洞底,在一块石板上坐了下来,目视着周围的生态环境别有洞天,墨绿色的岩壁上布满了千姿百态的碳酸盐类物质沉积,也就是人们常说的石花、石幔和石钟乳。一簇簇藤蔓垂挂在陡壁上,几只蜜蜂飞舞在藤蔓旁边的紫红色小花丛中……

然而仰望天空,犹如坐井观天之蛙也!

拿着地质锤，习惯地敲打着土块，查查堆积地层岩性、量量层面产状，从其层序和岩性看，排列整齐而吻合，未经搅乱，属原生堆积。走在前面的唐承松站在剖面跟前，目视着土层，似乎有所发现，同行的大龙在一个凹陷的棕色砂质黏土里也寻找起化石来。当刨开一个直径大约40厘米的角砾石，几块白花花的肢骨化石和从土层脱下来的牙齿顿时展现在眼前，他兴奋极了，信手拿起一颗牙齿问笔者："教授，这是什么动物的牙？"

寻找

四、初见成效

笔者接过刚找到的牙齿，擦掉附着在嚼面的泥巴，其形状宽大于长,齿尖壮实,嚼面釉质层有众多的棱状突起等特征。综合考虑它的生物学分类,食肉目、大熊猫科、大熊猫属,学名叫做巴氏大熊猫。尽管它不是个新发现,但对于我们这次考察来说,初见成效。

大熊猫左上第二和第三臼齿

在场的唐承松听后连连说道:"龙大哥的运气真好,发现了大熊猫!"说罢,也操起小铲,在大龙挖出熊猫牙齿的土层里刨了起来。不一会儿,就刨出个下颌骨,拿在手里摆弄了一会儿,看不出个所以然,转过身来递给了笔者。

笔者接过一看,"好一个豪猪下颌骨被你找到了。祝贺!祝贺!"

唐承松一听是个豪猪下颌骨,马上告诉大龙:"龙大哥,我也发现东西了。"

大龙走近一看:"啊!原来是个刺猪。"

"龙大哥,黄教授说的是豪猪,不是刺猪。"

豪猪下颌骨

笔者听了他们的对话,感到很有意思,于是解释说:"豪猪或者刺猪,只是称呼上的不同,它们在生物学的分类中,都归属于啮齿目、豪猪科、豪猪属。可千万不要把它当做猪看待。猪的生物学分类是偶蹄目、猪科、猪属。两者风马牛不相及。"

结束了短暂的考察,原路而归。一路上,大龙不停地说:"教授,这个山洞的化石真多呀!拿今天来说,除了牙床、牙齿,还有许多骨头,加在一起,少说也有100多块。今后还来挖吗?"

"这么好的地方,当然再来。"

笔者把标本带回了龙骨坡巫山古人类研究所。中-法联合考察队的同仁看了这些化石十分赞赏。一致认为,这个化石地点有待进一步考察、研究。

笔者带着十分遗憾的心情告诉大家:"虽说是找到了很有研究价值的化石地点,但是未能把'人脑壳'找回来。"

第一章　扣人心弦的信息

究其原因,"人脑壳"发现者冉绍清出门干活去了,故无法了解"人脑壳"埋藏的准确地点。

徐自强提议:"请大龙与冉绍清联系,说我们明天再赴洞里挖掘,务必请他到工地来一下。"

第二章 寻觅『人脑壳』

一、见证者亲临现场

11月18日,我们仍旧租了一辆小货车,同行者除了原有成员,增加了易军、徐自强和徐鹏,为扩大寻找化石范围,特别是那个谜一样的"脑壳",雇用了几个民工。

上午10点多钟,挖出"人脑壳"的冉绍清来到了我们挖掘工地。唐承松立刻与他打招呼,尔后指着笔者对冉绍清说:"绍清,你认识吗?他就是发现龙骨坡巫山猿人的黄万波教授。"

冉绍清目视着笔者有点儿不好意思地说:"黄先生的名字早有耳闻,今天有幸见到您真高兴!"

为了不影响冉绍清的情绪,我们的交谈话题先从"龙骨"聊起。

笔者拾起几件刚挖出来的骨化石问冉绍清,你认识这是什么东西吗?他十分爽快地说:"这是'龙骨',那是'龙齿'。那年,我在这儿作业时就挖到过。"

"说得对头,是'龙骨'和'龙齿'。科学地说,所谓'龙骨'或'龙齿',并非恐龙的骨头或牙齿,而是几百万年至1万年前的哺乳动物死亡后,假如尸体能及时地被泥沙埋

左起：徐自强、黄万波、徐鹏、龙代清

藏，动物的肌肉随之腐烂，骨骼内部的有机成分在地下水的作用下逐渐分解、减少，水中的矿物质趁机渗进骨骼的空隙，久而久之，骨骼变得既硬又重，骨骼的外部结构和内部形态基本不变，仍保持原状。古生物学家把这样的动物骨骼称为'化石'。中医学则称其为'龙骨'，在医疗上据说有一定的功效。"

冉绍清听了"龙骨"的由来，感到说得在理，于是走近装满化石的盒子里，东瞧瞧、西望望，时不时地拿块骨头闻一闻、舔一舔。

大龙见状风趣地说："冉大哥，你可是个行家。"

"龙大哥，此话怎讲？"

"不说你也知道了。鉴定'龙骨'的真与假，最简便的办法就是用舌头舔：粘舌头，真家伙；不粘舌头，假家伙。"

第二章 寻觅"人脑壳"

标本盒里的"龙骨"

"怎么样，说得对不对？"

"对、对、对，筐里的'龙骨'个个都是真家伙。"冉绍清有点儿得意地说。

笔者听了他们的对话，意识到该把话题转到"人脑壳"的时机到了，便微笑着叫了声："绍清，这样子称呼可以吧！"

"当然可以，您是长辈！"

"那好。你能否给我们讲一讲那个'人脑壳'是怎么样挖出来的？随后又为何把它丢了？"

冉绍清听后，似乎有点儿尴尬。沉思了一会儿说："记得是个三伏天，我们在这个山头开采马牙石，采石场老板为了扩大资源，决定把这个洞顶炸开。不出所料，从洞顶炸塌下了大量马牙石。老板见到这么多的马牙石，兴奋极了，随

23

即派遣了好几个民工在此挖掘，承松当时也在场，由于塌下来的石块量大，又是在洞底，运输起来十分困难，后来用缆车装卸也花费了不少时间。有一天，我和承松几个人在靠近洞壁的地方清理散落的石块，当把几个大石块移开后，露出了棕红色的黏土层，样子同你们挖掘'龙骨'的泥巴相似，手感也是黏黏的。为了查看黏土层下面还有没有马牙石，朝着土层挖了好几锄，但是翻出来的土质仍旧是黏土。当我弯腰去清理锄头上的泥巴，而后换个地方作业时，忽然发现靠下面的黏土层有个圆形的东西，样子像个'瓢'，心想在这个地方怎能有这种东西！扒开一瞧，原来是个'人脑壳'，把我吓了一跳！心想真倒霉！"

洞顶炸开后之现状

大龙紧接着问："后来呢？"

冉绍清叹了口气说："把它丢进乱石堆了。"

笔者指着眼前的乱石堆问:"是不是丢到那儿了?"

冉绍清点了点头说:"就是那儿。"

大伙儿估算了一下,埋藏"人脑壳"的石块,有好几百个立方米。看来,要想揭开"人脑壳"之谜,还得具备愚公移山的精神!

埋藏"人脑壳"的乱石堆

结束了与冉绍清的交谈,我们作了简要的分析,相信冉绍清见到的是个脑壳,是不是"人脑壳",或者其他哺乳动物的脑壳,如猴头、羚羊头等,只有移掉石堆,才能见分晓。

二、"兵"分两路

为了尽快揭开谜团,我们分成两个小组作业。第一组找

"人脑壳";第二组继续在堆积层找化石。

笔者和几个民工在第一组,开工前,给几位民工简要地讲了讲人类头骨的形态特征,其目的是给他们增加点儿这方面的知识,以便在挖掘中起到保护好出土物的作用。

一位姓唐的民工听得津津有味,不时地问这问那。看来是一位对人之由来感兴趣的人,要不然不会问及现代人头骨与猿人头骨有何区别。

为了满足他的需求,笔者把和县猿人头骨与现代人头骨之间的异同,逐一地作了说明:"前面观,猿人头额骨是低平的,现代人是隆起的,这是因为猿人的脑量小,只有900立方厘米左右,而现代人的脑量已达到了1400立方厘米左右;猿人的眉脊很突出,现代人则不突出;猿人没有下巴,现代人则有之。后面观,猿人的枕脊发达,现代人则不发达。当然,这只是几项较为明显的差别而已。仔细观察起来,两者之间还有不少异同。"

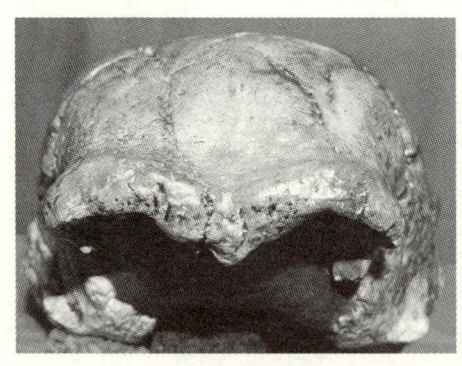
和县猿人头骨

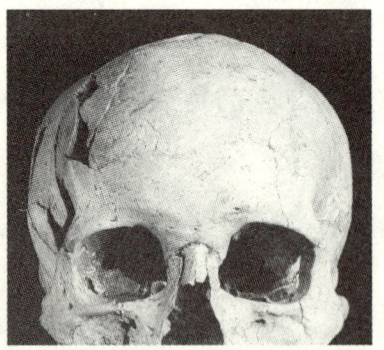
现代人头骨

笔者换了口气继续说:"小伙子,你若对这些问题有兴趣的话,有本科普读物叫《古人类学》,是著名古人类学家

第二章 寻觅"人脑壳"

吴汝康撰写的,有机会看看。"

一席科普聊天,增强了我们寻找"人脑壳"的信心。看得出,大家都希望能够尽快地把这个谜团揭开。

一天、两天,接连好几天挖掉的土石还不到20个立方米,原因是多方面的。首先是工时短,每天只有6个小时,其次是挖出来的土石无处可卸,工作面也施展不开。

此情此景,谁见了都有点儿发愁!考虑再三,待来年再搞。之所以这么做,还有一个重要原因,就是龙骨坡的发掘工作已进入尾声,法国学者必须按时回国。

挖掘现场一角

三、骨块上的疤痕

"人脑壳"之谜虽然未能揭晓,但是发掘组却有较大的收获：采集标本 300 余件，其中包括牙齿和骨块。初步鉴定计有下列各种：

啮齿目：华南豪猪（*Hystrix brachyura subcristata*）、竹鼠（*Rhizomys sinensis*）、姬鼠（*Apodemus sylvaticus*）等。

灵长目：狝猴（*Macaca* sp.）。

长鼻目：东方剑齿象（*Stegodon orientalis*）。

食肉目：狼（*Canis lupus*）、虎（*Panthera tigris*）、熊（*Ursus* sp.）、大熊猫（*Ailuropoda melanoleuca*）、猪獾（*Arctonyx collaris*）等。

奇蹄目：双角犀（*Dicerorhinus* sp.）、华南巨貘（*Megatapirus augustus*）、马（*Equus* sp.）。

偶蹄目：野猪（*Sus scrofa*）、水鹿（*Cervus unicolor*）、麂（*Muntiacus* sp.）、羚羊（*Capricornis* sp.）、水牛（*Bubalus* sp.）等。

在 300 余件标本中，能够鉴别出 20 多个物种靠的是牙齿。这是因为，不同属性的牙齿，代表了不同的生活习性。例如老虎，习性食肉，牙齿嚼面都是带刃、带尖的；剑齿象，习性食草，牙齿嚼面都是一棱一棱的。由此可见，牙齿化石对于考古学家来说是至关重要的。

但是，我们强调了牙齿的重要性，并不是说骨头就没有什么研究价值了。其实不然，骨块之中，亦然存在着许多学问，有时候还能出现"金娃娃"。

笔者在整理和县猿人遗址的 1000 多件骨块中，就寻觅出一件猿人桡骨。桡骨的发现，为认识和县猿人的体质形态提供了极其珍贵的科学依据。这不就是"金娃娃"吗？

那么，玉米洞的骨块之中会不会出现令人惊喜的情景呢？这要看下的工夫和"运气"了！

两端有人工疤痕的骨块（2005年）

（左：背面观，右：腹面观）

也许是由于笔者多年来对骨块产生的浓厚兴趣，对玉米洞出土的骨块一如既往，逐一地加以观察研究。经过仔细推敲，在300多件骨块之中，终于发现了一块与众不同的标本。

那天，天气晴朗，笔者拿着它来到楼下庭院，借助明亮的光线，用剔针清除了骨体表面的泥巴，然后用棉纸擦去几处斑迹，不由一愣，两端的骨面上尽然呈现出多处疤痕，有粗有细，有深有浅，重叠分明。

凭感觉，这样子的痕迹与啮齿类动物咬啃的双道型痕迹

远祖谜踪：巫山玉米洞发掘记

或食肉类动物咬啃的钉状痕迹截然不同。

毋庸置疑，它就是玉米洞主人制作的工具——骨制品。

直尺一量，长 20 厘米，宽 8 厘米，厚 5～7 毫米。握在手中，恰到好处。

在考察小组的总结会上，徐自强看了玉米洞的骨制品，语重心长地说："黄老师的这个新发现十分重要。既然有了骨制品，又有那么多的哺乳动物化石，把它列入龙骨坡巫山古人类研究所的年度计划，继续开展工作是可行的。"

徐自强

笔者对自强的建议，十分赞同。

为了进一步开展工作，势必要给这个含有"人脑壳"的溶洞起个名字，你们看，借用所在地"玉米"二字，叫它"玉米洞"行不行？

话音刚落，掌声四起……

这声音，表示了这个含"人脑壳"的溶洞在当地的地名册上，有了自己的名字——玉米洞。

第三章
试掘玉米洞

第三章 炎

第三章　试掘玉米洞

一、历史回顾

试掘玉米洞，要从三峡古人类研究所成立之日说起。

三峡古人类研究所是2008年12月26日成立的。在成立大会上，笔者曾表示过，在有生之年力争为该研究所寻找更多的化石地点，特别是含有史前文化的地点。

打那以后，这个念头时时地在笔者耳边回响，思索来思索去，在考察过的数十个化石地点中，玉米洞的条件最好，好在堆积厚重，化石丰富，特别是那件有人工痕迹的骨块，预示着是个好兆头！

但是，三峡古人类研究所成立后，由于室内外工作任务繁忙，未能及时把玉米洞的情况和魏光飚所长聊一聊。

说来也巧，2011年的野外发掘项目申报中，巫山龙骨坡遗址得到了国家文物局的正式批准，同意在龙骨坡遗址开展第四阶段的发掘工作。

根据三峡古人类研究所的总体规划，龙骨坡遗址的发掘工作于国庆节过后动土。

当笔者踏上龙坪村的土地，走进龙骨坡遗址的寨门，心情格外地舒畅，屈指一数，从1984年发现至今，已经历了

远祖谜踪：巫山玉米洞发掘记

龙骨坡遗址第四阶段发掘现场

32个春秋，未曾想到，而今再一次来到"巫山人"的老家——龙骨坡遗址做客！

站在崖壁下，望着那棕褐色堆积地层和南壁上的坐标线条与考古符号，真是感慨万千！

发掘工作开展以来，不觉一周有余，记得是个雨后初晴的日子，在回住地的路上，与大龙清闲地谈起了龙骨坡后山的玉米洞。

大龙问道："黄教授，今年有机会去玉米洞吗？"

"看时间，希望能去看看。"

与大龙的闲聊，再一次把思绪引向了玉米洞，还有那个未解之谜团——"人脑壳"。

考虑良久，感到把玉米洞发现"人脑壳"及其去现场了解的情况，向魏光飚所长作一汇报的时机到了。

2011年10月15日，雨天，没有出工作业，趁此机会，

第三章 试掘玉米洞

龙骨坡遗址

与魏光飚所长交谈时的情景

把玉米洞的发现及其打算向所长一五一十地道了出来：

其一，去玉米洞看看；

其二，若有时间，能否作一试掘；

其三，玉米洞与龙骨坡均处在巫山山脉，前者的时代晚,后者的时代早,能否把两个地点均纳入研究所的规划,以便有序地开展工作。

没有想到,魏所长听了立即拍板,并指示大龙与唐承松联系,尽快做好下洞准备。

按照日程安排,决定19日考察玉米洞。

二、重返玉米洞

出发前,笔者向考察队作了一下简介:从我们住地龙骨坡巫山古人类研究所到玉米洞,一路上坡,就海拔高程而言,住地高程750米,玉米洞1100米。此次前往玉米洞比起当年来说,不仅交通条件得到了改善,可以乘坐自己的越野车,而且人员也超出好几倍,光国内外博士就有好几位。

车子缓慢地沿着山间驱使,大约20分钟后到达了一个山嘴的拐弯处,笔者见状,立即叫司机停下,然后告诉大伙儿向南望。在晨光的照耀下"鄂西期夷平面""山原期夷平面"和庙宇盆地尽收眼底。秦利博士见了此情此景,很有感慨地用山西口音说了句重庆话:"好安逸啊!"

饱赏了三峡高地的无限风光,车子继续行驶,10分钟后到达了玉米洞坡下的机耕道尽头。

唐承松和前来参加试掘的民工已在此等候多时。站在前面的唐承松一见笔者,笑容满面,急忙掐掉烟头打招呼:"黄教授还是那样健康!"

"还行,还能爬山考察。"

第三章　试掘玉米洞

"鄂西期夷平面"及庙宇盆地景观

大龙急忙迎上前去，接过唐承松备好的攀绳和长梯，边聊边行，不一会儿就到了玉米洞。

笔者站在陡峭的洞壁上，目视着洞下的乱石泥巴，虽然体验过头晕目眩的味道，但此时仍旧有几分畏惧感！

民工搭配好了长梯和麻绳，第一位下去的是小个子民工，接着是大龙和另外几位民工，魏所长尾随其后，壮汉张真龙背着沉重的发掘工具也顺梯而下。

站在崖边的两位女士，目睹了这般情景，跃跃欲试地想下行。

唐承松急忙拉住秦博士的背包说："您下梯的姿势不对，依我们乡下人的做法，面对梯子背朝天，看着木梯往下行。"

听了唐承松对秦博士的告诫，笔者初探玉米洞时的那种畏惧心情似乎又呈现在眼前，不过，比起秦博士来说，好多了，不仅如此，还能腾出手来给他们摄个影！

37

民工下梯的姿态

女士上梯的姿态

下洞后，小憩片刻，依执行领队的安排：一组试掘；二组清理乱石觅"人脑壳"。

堆积地层剖面

笔者在一组，首项任务是分析含哺乳动物化石之地层岩性。综合初探玉米洞的感受，其堆积岩性有如下几层：

上部：褐色岩溶型黏土。层中夹有条带状沙质土，含豪猪、竹鼠等化石，厚度80厘米。

中部：褐色砂质黏土。层中含蜂窝状碳酸盐沉积，俗称"钙板"，其间还夹有4～6厘米的灰黑色碳质条带。条带下面是棕褐色黏土，其中含长臂猿、大熊猫、剑齿象、巨貘、犀牛等哺乳动物化石，厚度140厘米。

下部：棕褐色岩溶型黏土。层中亦有条带状"钙板"，

第三章 试掘玉米洞

黑色炭泥

含少量哺乳动物化石，厚度90厘米。

底部：石灰岩，倾向南东，与下部堆积呈不整合接触。

三、再现大熊猫

明确了地层层序，笔者打算去第二组看看，忽听大龙吆喝了一声，回头望去，他拿着一颗大熊猫牙齿对魏光飚说："这可是个好东西，我第一次下洞考察时，就在这个地方发现过它。"

魏急忙接过化石，自言自语地说了句："真是个大熊猫牙，它折射出了当年的玉来洞周围是一个有竹林的生态环境。"

研究哺乳动物的陈少坤握着手里的貘牙齿说："玉米洞

周围除了竹林还有森林、灌丛和草地。"

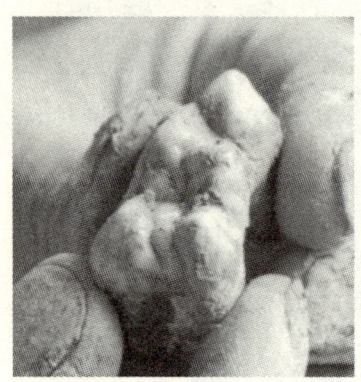
大熊猫前臼齿

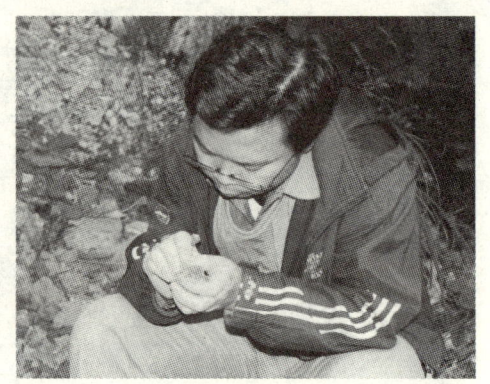
陈少坤察看貘牙

张真龙看着他们不断有所发现，心里很不是滋味。于是换个地方，转移到了出大熊猫牙齿的土层，刨下不到半尺深，碰上了一块骨头，拾起一看，是节小肢骨。他想，没准儿是个信号，于是继续往下刨，同时向左右扩展，不到半个小时，在左边的新刨开的土层里，出露了一颗牙齿，用手轻轻地晃了晃，它一动不动，看来牙齿与左右两侧是连着的，说不定是个大家伙！

张真龙此时的心情，甭提有多么痛快。他为了刨个完整的，轻轻地搞掉了压在化石上的石块。当他清理完石块和埋藏在牙齿上面的泥巴后，一件完好的下颌骨露了出来，随即对身旁的大龙说了一声："大龙，你快来看，这家伙是个下颌骨。"

大龙一看："说得对，下颌骨。"

不一会儿，他们俩小心翼翼地把它挖了出来。

笔者对大龙和张真龙的神秘挖掘早有感觉，只是为了不

第三章 试掘玉米洞

牛下颌骨出土地点

影响他们的情绪，没有去打搅罢了。

笔者接过他们找出来的标本，仔细地端详了一会儿，从个体大、牙齿高冠、齿柱粗壮等特征看，它的生物学分类，归属牛类是不会有问题的。从年龄结构上说，牙齿磨耗很重，齿冠几乎磨到了牙根，是个老牛了。

清洗后的牛下颌骨（左：舌侧，右：颊侧）

接下来，张真龙又在埋藏牛下颌骨的地方挖出一块"钙板"，里头包含着白花花的骨头。在几粒石子旁边，还有一颗野猪牙，除牙根略有损伤外，其余部分完好无损。

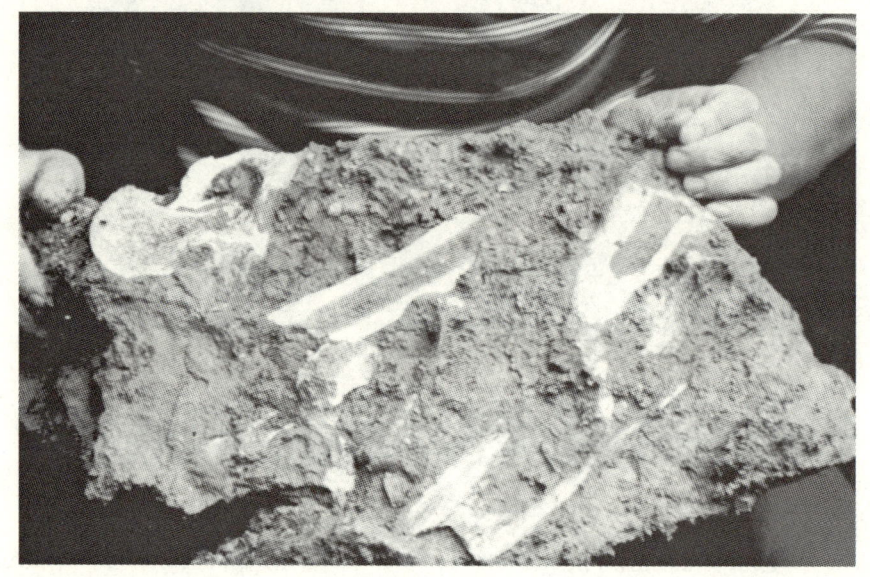

"钙板"里的骨化石

时间过得真快，不知是谁说了句，该收工了。一看手表，可不是嘛，都5点多了。

裴健、陈少坤等听了收工的信息，依依不舍地继续寻找，希望在最后关头能有所发现。

贺存定可不慌不忙，好不容易觅到几块似有人工打击痕迹的石片。但后经仔细推敲，最终还是放弃了。

魏光飚闻讯后从作业处走了过来，搬起一块"钙板"对张真龙说："把这块钙板也带回研究所，里头含有不少牙齿和多块骨片，说不定会修出个好东西！"

第三章　试掘玉米洞

寻觅、寻觅、再寻觅

贺存定认真观察的情景

远祖谜踪：巫山玉米洞发掘记

魏光飚搬着含有化石的角砾岩块

四、一路遐想

在回"家"路上，望着那巫山山脉及其周边的岩溶洼地，笔者脑海里浮映出了玉米洞人在此生活时的情景：一个宽敞的洞府，冬暖夏凉的室温，当夜幕降临，男女老少围坐在天窗下的石板旁，分享辛勤劳动一天所得的硕果，等待长空升起的明月和迎来又一个黎明的曙光……

而今，我们采集的大批骨块，不正是玉米洞人当年的废弃物随着时间的流逝，被泥巴逐一地埋藏了下来，成了考察者向往之"宝地"吗！

但是，"宝地"之门还没有完全打开，"人脑壳"仍然无踪无影，压在"人脑壳"上的数百立方米土石，只不过移掉了冰山一角。

第三章 试掘玉米洞

民工抗着百十来斤重的化石往上爬

挖掘现场一角

(左起：莫冰、陈少坤、张真龙)

回到住地，笔者把采集的标本进行了清洗，一个个地摆放在庭院的水泥地上。这个地方面积大、向阳，既可滤水又可晾晒。

笔者在清洗过程中，感到玉米洞的化石与众不同：拿骨头来说，长骨多，且破裂严重，说它是食肉动物如鬣狗、虎豹咬碎的，见不到咬痕；说它是洞顶掉下来的石块砸碎的，见不到塌落下来的石块与骨块埋藏在一起的情景；说它是地下流水冲积而后埋藏的，骨块表面未见蚀痕，相反，几乎件件骨块都带棱带角，有的骨块还能拼凑在一起。

此时，笔者不觉回想起了2005年从300多件骨块中发现骨制品的情景。这样的情景会不会再一次出现呢？

令人深思，令人回味！

清洗工作即将结束时，我们的伙食总管吆喝了一声："吃饭了。"

晚饭后，不知是什么原因促使笔者回到了晾晒化石的水泥地，也许是"职业病"吧！

笔者边饮茶边注视着那一个个洁净的化石标本，从其形态到周边的结构，几乎是一件一件地扫描。当把注意力转移到几块扁平的骨块时，其中一块浅黄色的家伙在夕阳的余光下格外的耀眼，笔者深深地被它吸引住了。走近一瞧，从其大小、骨质厚度，特别是两端的多处疤痕，与2005年发现的那件骨块如出一辙，这不会是巧合吧？

不管怎样，只有把2005年采集的那件骨块与其相比之后，才能说是或者否。

第三章 试掘玉米洞

两端有人工疤痕的骨块（2011年）（左：背面观，右：腹面观）

第四章 骨头上的神秘信息

第四章　骨头上的神秘信息

一、寻找与对比

2011年8月上旬，笔者结束了龙骨坡遗址的发掘工作回到了北京，一是休整，二是寻找2005年发现的那件有人工疤痕的骨块。还好，经过短暂的寻觅，终于在标有龙骨坡字样的木箱里与它相见了。

原来，它与玉米洞出土的几件偶蹄类化石摆放在一起，包装盒上，还特地注明盒子里有件带疤痕的骨块。

国庆节后回到了重庆。上班的第一件事——对比标本，也就是从北京带来的2005年发现的有人工疤痕的骨块与2011年的那件骨块对比。

进了标本室，在张真龙的协助下，笔者很快找到了与之对比的2011年的标本，握在手里，感到它沉甸甸的，此时的心情，十分激动。翻来覆去地看呀看，两端的打击疤痕是那样的清晰可见，没有一点儿自然痕迹可寻。

笔者喘了口气，把2005年的标本握在左手，2011年的标本握在右手，两者靠拢一比，无论是大小还是人工疤痕，真的是如出一辙！当时的兴奋心情恐怕是他人难于理解的。这种思绪之出现绝非偶然，它是在长期的考察发现中无数次实践经验累积的必然结果。

在场的张真龙见状也很惊讶！指着标本说道："怎么这样凑巧！""这不是凑巧，是一种有思维能力的动物表现出来的主动行为，这种动物并不是为了啃食骨头，而是将厚实的骨块打制成的骨制品，因而彼此相似。"

张真龙接着问："人与动物产生的痕迹如何区别？"

"这个问题，在发现第一件骨制品时，已涉及人工疤痕与动物咬痕的区别。为了让你能直观的了解，不妨再叙几句。拿这两件骨块来说，人工作用产生的痕迹叫疤痕，它的形成机理是制作者在加工器物时留下的，这样的疤痕顶端有打击点，疤痕的大小与剥落下的骨片大小成正比。再者，骨块的选择也有一定的讲究，多为肢骨，或者比较厚实的骨头。而动物作用产生的痕迹多为咬痕，拿啮齿类动物如豪猪来说，它咬的痕迹多半是对称的，形态双凹，这是因为啮齿类动物是用上、下门齿咬啃，故产生的痕迹双凹，且上下对称。咬啃的材料包罗万象，不分大小与厚薄，碰上哪儿就咬哪儿。因为它们咬啃之目的是为了磨牙，防止牙齿长了不好收拾。"

接着，笔者把豪猪咬啃的标本与这两件有人为疤痕的骨块摆放一起，让张真龙看个究竟。

张边看边点头，以表赞赏之情！

第四章　骨头上的神秘信息

（左：采于 2011 年背面观，右：采于 2005 年）

（左：采于 2011 年腹面观，右：采于 2005 年）

人工打击过的骨块　　　　　　豪猪咬啃过的骨块

二、两块叩门骨

说来也巧，标本对比即将结束之时，魏光飚所长来到标本室，寒暄几句后，便把话题转到了两件骨块上。

他接过标本，仔细地打量着骨块上的痕迹，不时地自言自语："真有点儿意思，两件骨块都有人为疤痕，怎么会如此凑巧呢？"

说完问道："这两件标本都是出自玉米洞的吗？"

"是的，它们的老家都在玉米洞，深色的这块采于2005年；浅色的这块采于2011年。"

"啊！原来是这样子的。"

魏所长略微思考了一下："黄老师，你考虑考虑，下一步该怎么做。"

笔者应声说："这两件标本犹如叩门骨，有了它，一定能把玉米洞的寨门打开！"建议尽快向市文物局请示，明年春季就对玉米洞布方发掘。

第四章 骨头上的神秘信息

黄万波（左）与魏光飚（右）在标本室

光飚听后，爽快地表了个态："说得对头，尽快上报，争取经费，正规发掘。"

说到此，有个重要环节未向读者交代。玉米洞是个什么样的长相，有没有洞口？目前出入之地是开采马牙石炸出来的。这些重要环节都没有搞清楚，布方也好，试掘也好，无从说起。

当前，最为迫切的是解开洞口之谜。

第五章 洞口之谜

若要解开洞口之谜，还得从 2011 年 8 月下旬在玉米洞试掘期间与民工余老大的一次闲谈说起。

一、闲谈的启迪

试掘工作即将结束的那天，好像是 8 月 22 日，与往常一样，大伙儿忙个不停，都希望能有所发现。

这天天气很好，阳光普照，照得洞里亮堂堂的。但是一过午后 2 点，洞里的光线就开始暗淡起来，尤其是在陡峭的洞壁下作业，光线就更差点儿。笔者走近民工余老大跟前，把他采集的化石逐一地包裹起来。余老大见状，把汉烟袋往腰上一插，微笑着说："黄老师，天还早呢，急什么，要是在玉米洞南头挖掘，倒是该收拾收拾！"

他的话音刚落，笔者急忙问道："你再说一遍，这洞还有个南头？"

"是，南头的洞身比这儿宽大得多，但是洞里的光线很弱，午后，从洞口折射进来的光线就更弱。可是也有它好的一面，进出不用梯子，因为洞口与洞底是平行的。"

站在旁边的龙代清听了余老大的话，不约而同地向他发出了邀请："那好，明天带我们去南头看看。"

玉米洞西北段

去南头洞口的路上

  第二天一大早,在余老大的带领下,我们沿着山边的羊肠小道,从东北角来到了西南角,爬上缓坡,面朝东北,一个高3米、宽7米的洞口展现在大伙儿眼前。目睹了这般情景,大伙都惊呆了。

第五章　洞口之谜

此刻，笔者的心情除了兴奋，还感内疚，因为来玉米洞的次数比同仁多多了，为何没有打听到玉米洞的南洞口呢？

封闭的洞口

看来，群众是真正的英雄！

大伙儿对洞口的形态和周边的岩溶地质现象作了一番考察，认为洞口的溶蚀痕迹是清楚的，绝非人工开拓的。

正当大伙儿想入洞看个究竟之时，余老大的侄子来到了洞口，并及时把洞门打开了。

原来，这个山洞的产权归余老大弟弟所有。几年前，他侄子在洞里种植起了蘑菇，为了保持洞内温度、湿度之稳定，于是用砖头把洞门给封闭了。

不知是谁说了句调皮话："这倒好，既种植了蘑菇，又保护了洞穴。"

洞门打开后，一股凉气朝洞口扑来，走在最前头的龙代清不觉哎哟一声："好凉呀！"片刻间，大伙儿停下了脚步。

61

然而抬头一看，不觉大吃一惊！

啊，好一个大洞子！

余老大插话道："这个洞子不仅大，往里去还深邃得很！我小时候钻进去过，在火把的照耀下，奇形怪状的石头五颜六色，真是好看极了。"

洞口外视之情景

跟随其后的张真龙指着洞顶上的"天窗"说："你们瞧，从"天窗"直射下来的光柱好似聚光，照得四周亮堂堂的。"

说完，回头向同伴打招呼："赶快叫黄老师……"

二、"地下超级大舞台"

笔者因与蘑菇种植者聊起洞穴的分布面积，洞内的温、湿度变化等相关情况，晚到了一步。

当迈进洞穴的那一刹那，犹如来到了另一个世界，特别

第五章 洞口之谜

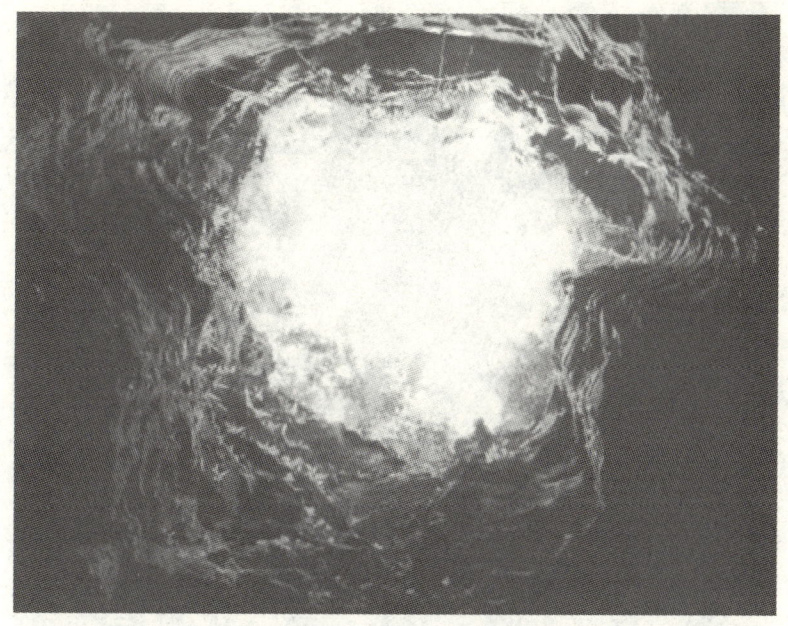
天窗

天窗下的光环

是天窗下的圆弧状光环,令人心旷神怡!真像个地下超级大舞台!(天窗的形成机理,将在后文论述)

也许是感情的一时奔放，笔者在天窗的光环下跳跃起来，并留下了难以忘怀的舞姿！

地下舞台

不用说，入洞者站在光柱下，仰望着"天窗"和窗壁上的绿茵、小花和静雅的生态环境，谁不感慨万千！

越过天窗继续前行，洞底平坦，但乱石淋漓，不少石块在地下水的作用下，表面生成了微小的方解石晶体，闪闪发光，犹如萤火虫阵阵起舞。

忽然，一根巨大的石柱和石笋挡住了去路。张真龙见状，急忙告诫大家，由此向左，尔后向右便可绕过石柱。笔者依照真龙的导向来到了由钟乳石构成的"地下天堂"。

瞧，那个模样的是地面生长起来的石笋、那个是洞顶垂下的石钟乳、那个是石笋和石钟乳连成一体的石柱。至于洞壁上的石幔、石花、石鹅管等琳琅满目，奇景异彩，美不胜收。

第五章 洞口之谜

发光的方解石微晶

不过也有遗憾之处，不少景点遭到了不同程度的损坏。石笋被砍了"头"，石钟乳折了"腰"。

石鹅管

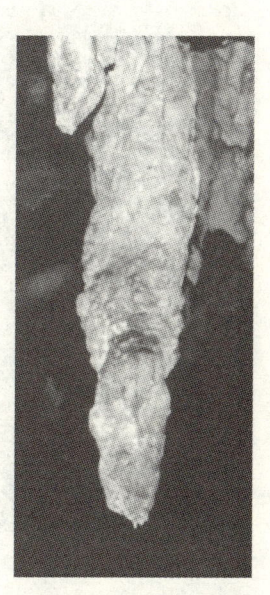

石钟乳

65

石钟乳与石笋开始连接的情景

石钟乳与石笋连成的石柱

第五章　洞口之谜

石盾

蘑菇种植者听了这般怨声立刻回应："黄教授，这样不道德的事儿非我所为，虽然我在洞里种植蘑菇多年。"说完，他便把话题转向那奇异多彩的碳酸盐类沉积物问笔者："您能不能给我们讲一讲这种独特的地下风光是怎样生成的，以便日后向群众宣传，保护？"

"当然可以。岩溶地质学的解释是：'这些自然景观是由化学沉积物构成的，其中的主要成分是碳酸钙。'这是由于该段洞穴早年处于封闭状态，环境温度和洞内压力适合于水中含有的二氧化碳易于释放出来，于是乎水对碳酸钙的溶蚀力大大降低，促使水中的碳酸盐类物质沉淀在洞底、洞顶和洞壁，生成了千姿百态的石钟乳、石笋、石柱、石幔、石枝、石球和石鹅管等。"

"啊！原来是这样子生成的，那我们今后一定保护好。"

结束与蘑菇种植者的交谈，笔者随即对洞穴形态、堆积地层等作了全方位的考察。

初步判断,玉米洞的走向南西—北东,下梯考察的那个部分位于北东;有天窗的部分在南西,两者洞室是彼此相通的,总体分布面积近 2000 平方米。如此宽敞的洞室和天窗的自然采光,为史前人类提供了一个极其优越的栖息场所。

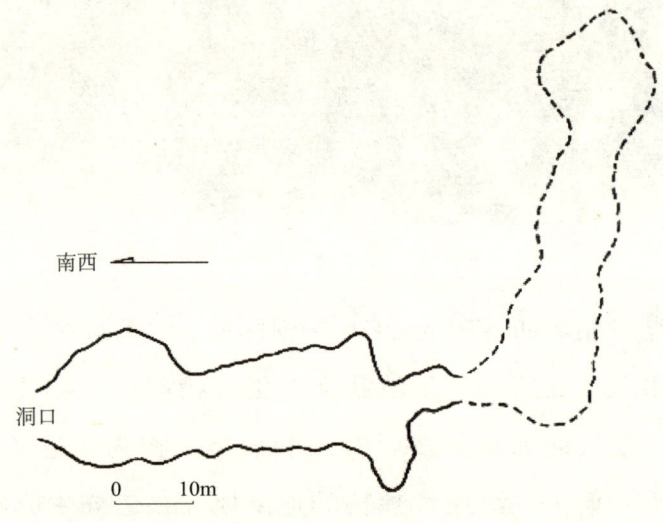

玉米洞平面全貌示意图(虚线表示未实测)

是呀,从宏观的角度分析,玉米洞是大有作为的。但是,其内涵是否与宏观一致,不得而知。

要彻底揭开玉米洞的神秘面纱,必须发掘。而发掘前的第一步——试掘,说得俗点儿,就是布方问路,以便为日后正规发掘提供科学依据。

第六章 布方问路

第六章 布方问路

根据多次对玉米洞考察和寻找化石的体会,感觉它与史前人类有着密不可分的因果关系。两块骨制品的发现,便是个例证。此次前来布方问路,能不能抚摸到它的脉络呢?我们的回答是:信心十足!

依光飚所长的意见,先派遣陈少坤、张真龙打前战,然后看出土物的情况再制定下一步的研究方案。

一、抚摸脉路的行者

2012年4月下旬,天气转暖,重庆的最高气温已超过24℃,不怕吃苦的陈少坤和张真龙,于25日起程赴巫山玉米洞了。

然而出人预料,到了玉米洞,天气很冷,早、晚和雨天更是雪上加霜,他们不得不就地购买防寒用品,尽管有如此之备,住在老百姓家仍旧寒气逼人。这是因为玉米村所在地海拔超过1100米。

我们知道,地势每上升1000米,气温则下降6℃。也就是说,玉米村(1100米)的气温要比重庆市(250米)的气温低得多。

天气是冷点,但是少坤和真龙仍然依照计划开展了工作。依陈少坤和张真龙的介绍，以及笔者随后在发掘现场了解的情况，布设了两个探方。T1探方距离洞口稍远，面积为2米×2米；T2探方距离洞口较近，面积为3米×3米。率先挖的是T1探方，大约挖至40厘米，见到化石碎块，至1米许出现了剑齿象牙齿，至1.5米发现了大熊猫犬齿和前臼齿，至2.5米挖出了带有4颗牙齿的双角犀上颌骨以及鬣狗、熊、獾等化石。

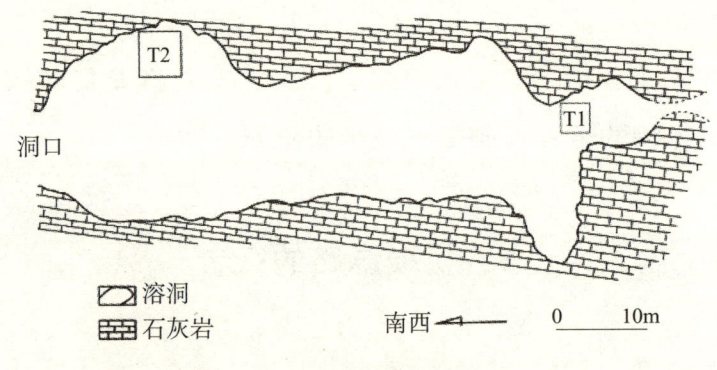

探方编码及分布位置

埋藏化石的地层为岩溶型黏土，其中夹石灰岩角砾，局部胶结。

上部色调偏红，往下偏灰，湿度增强。由于地下水之渗透，至3米许便停止了作业。

结束了T1探方的试掘，转移到了T2探方。

T2探方地势偏高，清除扰乱层后，试掘工作进展顺利。大约挖至20厘米出现了小哺乳动物化石，往下，大哺乳动物化石如鹿类和牛类开始出露。接近3米许，出土了食肉类动物的指骨。

随着时间的推移，天气也逐渐转暖，不知不觉挖掉堆积10

第六章 布方问路

T1 探方

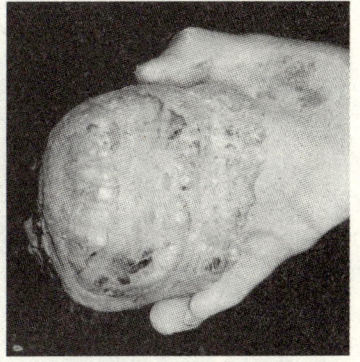
T1 探方出土的剑齿象牙齿

立方米之多,自地表扰乱层往下至 2.5 米时,所见堆积地层均为岩溶型黏土,夹角砾和砂质黏土凸镜体,色调棕褐,局部胶结。

T1 探方发掘至 2 米许的情景

在堆积地层作业,一旦深度超过 2 米,就会给出土带来了很大的困难。此时,不得不采用古老的运输方式——绳拉竹箕。

远祖谜踪：巫山玉米洞发掘记

T2 探方现场之一，发现化石

T2 探方现场之二，绳拉竹箕

玉米洞布方问路的人员中，笔者也是榜上有名的，然而因故未能与陈少坤、张真龙同往，迟到了十来天，5月上旬才抵达了玉米洞,深感遗憾!

不管怎么样,终于与陈、张相见了。向他们问候的第一句话,就是代表魏光飚所长向他们致谢!

"辛苦了!"

陈少坤笑容满面地说:"没有什么,谢谢你们的关怀!"

"你们住在哪户农家?"

真龙说:"余家小儿子。他家的条件还可以,顿顿有米饭,就是蔬菜少了点儿。"

上:余老大住宅,下:余老大小儿子住宅

笔者接过话茬:"光飚所长决定,为了我们有个较好的生活、工作环境,让我们住庙宇镇。每天出工乘坐'三菱'越野车,大概半个钟头就可抵达玉米洞。午餐改在余老大家,他家的生活条件比余家小儿子好一些,距离玉米洞也近,午饭后还能多休息一会儿。"

陈、张听了,喜笑颜开。

二、薯地的联想

这天的午饭是余老太太做的,两荤、两素、一汤,笔者最欣赏的是薄片腊肉炒海椒,十足的农家风味,吃起来很过瘾!

午饭后,大家各干各的事,有的看农家大肥猪,有的上山采金银花,笔者喜欢拍照,回头向右一瞄,一幅美妙的睡姿闯入了镜头。

板凳上的睡姿(莫冰与陈少坤)

收好相机没多会儿,瞧见余老大扛着锄头朝西走,笔者立马跟了上去,问道:"余老大,去哪里?"

第六章 布方问路

"去挖薯。"

"与您同往行不行?"

"行呀!"

我们边走边闲聊,不一会儿就到了薯地。笔者指着薯地坡上那块石板问余老大:"那是不是我们捆绑梯子下玉米洞的地方?"

"对头,玉米洞就在下边。"

说完,他抢起锄头就挖,不一会儿就挖了10来窝,个个红薯既红又艳,壮壮实实的。

望着余老大的喜悦情景,笔者边拍照,边问他:"是什么窍门获得了丰收。"

挖红薯

余说:"没有什么窍门,干活勤快点,多关注点就是了。"

余老大的一句话,勾起了笔者对玉米洞的联想:

薯地与玉米洞仅一石之隔,两地都是用铁器挖掘的,为何薯地能挖出"丰收景象",玉米洞则无。然而在我们心目中的玉米洞,亦是个具有"丰收景象"的地方。

看来,余老大说得对,勤快点、关注点才能有收获,这也是普天下的认知。于是,笔者把这个想法告诉了陈少坤,希望能得到他的理解与支持。

"黄老师,我完全理解。你看,我们该从哪些方面多加关注才是?"

77

远祖谜踪：巫山玉米洞发掘记

丰收了

"很简单，对每一铲土、每一筐土，都要仔细地寻找，就是离开探方的土也不可轻易地废弃，将其堆放一起再寻找……"

"少坤，你还记得吗，我们初到玉米洞考察的那几天，有个十来岁的少年，余老大的孙子，他常去工地玩耍，看见我们从土层里挖出了大批化石，有马的、有牛的、有大象的，个个耀眼可爱。他沉不住气了，操起小铲，刨个不停。别看他小小年纪，可找起化石来一本正经，极其投入呀！"

少坤听后，手一挥："就这么办。"意思是说，探井里找，运上来的土再找，做到万无一失。

第六章　布方问路

瞧，多么投入呀！

三、朝思暮想之见证

笔者从探井拉上一筐泥巴，当靠近井口的那一刹那，一块石片映入眼帘，凭感觉，像块石器，于是立刻叫民工把箩筐停下，几乎是与箩筐停下的同时，顺手之间，抓住了筐边的那个石块，拿到灯光下，擦了擦表面的泥巴，几处双面打击片疤展现在眼前。

少坤见状，忍不住叫了起来："石器、石器……"

笔者深深地吸了口天窗下的氧气，对少坤说："终于找到了朝思暮想的石制品了。"

在探井下作业的张真龙闻讯后，也高兴起来："好兆头、好兆头……"

刮削器

紧接着，带上头灯，直奔从探井拉上来的土堆走去。边走边问少坤："这些泥巴都是T2探井运来的吗？"

少坤点头再点头，以表肯定之意。

笔者面对这堆棕褐色的岩溶型黏土，预感到会有所发现。可不是嘛，不到半个时辰，我们俩就从泥巴堆里找到了40来件石制品，器型包括砍砸器、刮削器和尖状器。

少坤信手拾起一件砍砸器说："黄老师，您瞧，打制得多好呀！"

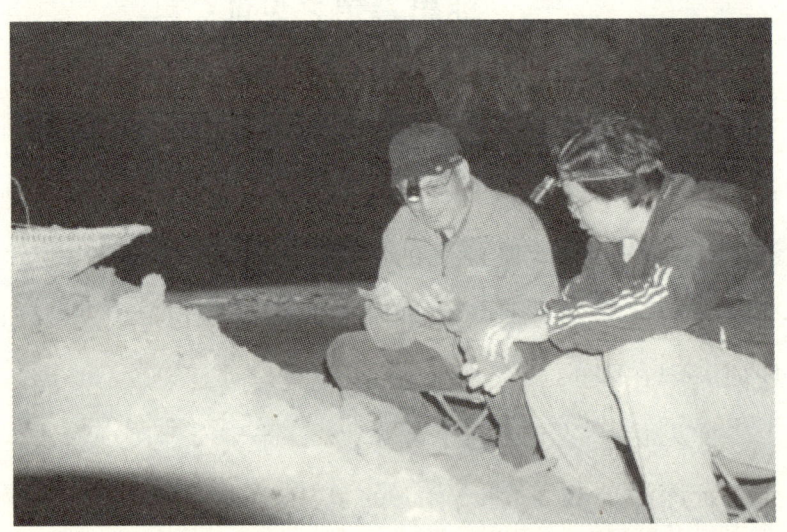

T2探方运出的土堆

笔者接过标本放在头灯下，器形端正，疤痕醒目，真是件好标本。但是，由于洞里受到光线的制约，有些细微痕迹

第六章 布方问路

不易辨别。于是向少坤建议,为了看个一清二楚,是不是拿出洞口,用放大镜再瞧瞧。

少坤应声道:"好主意,这就走。"

洞口观实情

当天的天气多云,洞口外的光线也不是特别明亮,但是比起洞里来不知高出了多少个光量级,看着它们格外畅快,无论是器型还是器身上的打击点、疤痕、放射纹等都十分地道,将其视为石制品是没有疑问的。

石制品

但是,这些石制品出自哪个层位,不得而知。于是我们转回洞里,赶到了T2探方井口,顺梯而下。

站在井底,目视着四壁,一块、两块、三块……块块疤痕清晰可见,自上而下,层层有之。

81

陈少坤见状，也下到了井底，以同样的心情，望着那一件件镶嵌在堆积层里的石器，真是大开眼界！

镶嵌在堆积层里的石制品　　　剖面上掉下来的石制品

四、喜讯传四方

陈少坤为了把 T2 探方发现石器的喜讯及时告诉领队魏光飚、贺存定，特地走到洞外信号较强的高地发送了一则短信。

石制品的发现，给我们带来了希望。众所周知，石制品是人制作的，它的出土是否意味着与冉绍清挖出的那个"人脑壳"有其瓜葛。

笔者认为，有也好，无也罢，至少可以这么说，石制品的发现，为揭开"人脑壳"之谜团迈出了坚实的一步。

一天又一天，不觉挖到了距离地面 4.5 米了，采集的石制品和哺乳动物化石少说也有 200 来件。收获是巨大的，令

第六章 布方问路

T2探方发掘情景

人高兴!

正当我们意犹未尽之时,探井下再传喜讯,说在距离地面近5米处发现了一个牛下颌骨。

笔者随即赶下井底,见了真龙手里的标本,除上升肢缺失外,其余部分保存得相当完好。

此时,少坤也闲不住,拿着皮尺,在民工的协助下,对出土物剖面一层一层地往下测量,深度超过5.2米。完成后,转过身来说:"黄老师,能不能依其岩性对剖面层序作一区分呢?"

"当然可以。来吧,咱们一起干。"

根据岩性和颜色,该剖面之层序可以区分出上、中、下三个部分:

 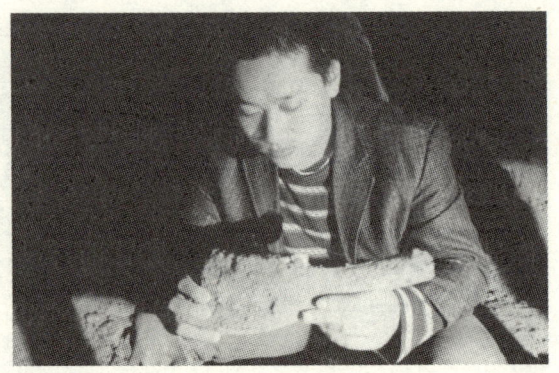

T2 探方西壁剖面　　　　　　牛下颌骨出土时的情景

上部：浅棕褐色粉砂质黏土，夹石灰岩角砾。

中部：棕褐色岩溶型黏土，夹石灰岩角砾，局部胶结。

下部：色调较深，岩性亦为棕褐色岩溶型黏土，层中有较大的角砾岩块。

上部、中部和下部均含石制品及哺乳动物化石。越往下，化石越丰富，且出现完好个体，如牛下颌骨和老虎肢骨等。

整个堆积地层，若依其岩性和细微结构，可再分为 8～10 层，厚度超过 5 米（见西壁剖面）。

测量完了剖面，天窗下的光环渐渐暗淡起来，该收工了。

回去的路上，笔者对少坤和真龙说："T2 探方的收获是令人满意的。如果说，依靠试掘问路，那么，这条路的内涵基本有数了。"

张真龙说："怎么个有数法？"

笔者指着包里的标本对真龙说："一是发现了石器；二是采集了大批哺乳动物化石；三是堆积地层之厚度已超过 5

第六章 布方问路

米还未见底。"有了这些素材，不就为下一步制订方案提供参考依据了吗！

笔者接着补充了一句："对这些成果并不能满足，希望继续发掘，挖它个底朝天，把玉米洞的主人请出来，站在天窗下一块合个影。那才过瘾呢！"

大龙听后，哈哈大笑起来："到时候我也要加入一起合影啰！"

然而天有不测风云，你想继续挖掘，老天爷没准儿还不同意呢！可不是嘛，当我们回到T2探方发掘时，井底土质湿度开始增强，有时候还伴有小股地下水往外渗透。然而越往下，出水量就越是大了起来，用桶装排水都来不及。再说，随着探井深度加大，出起土来极其困难，不仅如此，工作人员上下探井，还得靠木梯帮忙。在这种情况下，笔者与魏光飚所长商议，决定暂停，结束试掘返渝。

T2探方渗透地下水之情景

第七章 规范发掘

第七章　规范发掘

结束了玉米洞的试掘工作，回到了三峡古人类研究所，同仁相见，十分高兴。大伙为试掘取得的成果祝贺、赞扬。拿魏光飚所长的话说："从两块'叩门骨'到大量石制品的发现，坚定了把玉米洞作为三峡古人类研究所重点开发的信念。"

光飚所长在一次研究工作小组会上还说，为了有条不紊地开展工作，已向国家文物局、重庆市文物局申报了科研项目，从今年（2012年）秋季起，将对玉米洞开展系统、规范的考古发掘。

一、组建发掘队

明确了奋斗目标，工作起来就有了劲头。很快，玉米洞发掘队组建好了。魏光飚任领队，贺存定任执行领队。

参加人员有：黄万波、陈少坤、刘光彩、张真龙、龙代清和莫冰。

按计划，于是年8月5日出发，行程450公里，午后4时许抵达目的地——巫山庙宇镇，留宿龙骨坡巫山古人类研究所。

该研究所是因发现巫山猿人而建立的，面积3亩多地，二层楼的水泥结构，近10间住房，非常适于考古队在此工作、生活。笔者是该研究所所长，十分欢迎考察队的到来，在研究所看管员龙代清的安排下，队员们很快进入了角色。

龙骨坡巫山古人类研究所

晚饭后，贺存定领队召开个短会。把本次发掘工作计划向队员们作了解读。其大意是：

（1）布方发掘，探方面积暂定5米×5米，隔梁1米，明天到现场后依据实际情况再落实。

（2）每一件出土物，要求按照发放的表格（玉米洞遗址2013年野外发掘记录表）填写，做好三维空间记录和图件资料的收整。

（3）每个探方要求绘制堆积地层剖面图和剖面岩性说明。

（4）宣布各探方主持人及相关人员职责：

T3 探方张真龙。其职责，除了主持探方发掘工作，还要兼顾化石修理、保管和洞内照明设备的维修。

T4 探方刘光彩。其职责，除了主持探方发掘工作，还要兼顾资料保管及化石登记名目。

黄万波，担任学术指导。

龙代清，负责修理探方及地层剖面。

莫冰，负责开车及维修。

会议结束后，贺领队、刘光彩把预先准备好的考古发掘规章、文物保护条例、作息时间安排等资料、图件，分别张贴在标本室和会议室里，以此引起队员的关注和执行。

第二天一觉醒来，床头上的闹钟时针已过 7 点，依照习惯是该起床的时候了。穿衣、洗漱花了半个多小时，转眼就该用早餐了。刚一出门，就听到了炊事员老龚的叫声："吃饭啰！"

二、出征

早饭后，大伙儿收拾行装，拿铲拿镐，忙个不停，犹如出征上"战场"。

去工地的交通工具仍旧是那辆三菱牌越野车，驾驶员还是我们的好助手——莫冰。

说莫冰是个好助手，是因为他除了开车技术好外，一有时间就帮厨。他做的重庆酸菜鱼、水煮鱼，一旦上了舌尖，谁都会举起双手叫好！

驾驶员莫冰

其实,莫冰就坐在笔者身旁的驾驶座上,对他的夸奖他听得一清二楚,只是由于山路狭窄,不便与大伙儿答话罢了。

说话间,不知不觉来到了岔路口,由此往右行驶十来米,就是余家大院门外的空地了,这个地方略为宽畅点,好停车、好倒车。

不用说,去玉米洞的交通,只能靠双腿了。不过,路程不远,花上十来分钟便可到达目的地。

当我们爬上缓坡,抵达唐大妈的住宅时,早已在此等候的民工立刻欢腾起来,像久别的亲人,嘘寒问暖,唐大妈连忙拉着笔者的手说:"黄老师,身子骨还是这样硬棒!"

"还行,还能在玉米洞工作,不把玉米洞的主人请出来,是不会罢休的!"

原来,昨天刚到住地不久,贺存定就与玉米洞周围的农民工取得了联系,欢迎他们前来玉米洞参加考古发掘。

第七章 规范发掘

唐大妈住宅边的玉米洞

唐大妈屋后就是玉米洞,近在咫尺。大伙寒暄几句后便随贺领队进洞了。

进洞了

三、进入角色

规范发掘是考古工作者必备的素质。进入角色后的第一步是测量洞穴形态,绘制洞穴横、纵剖面。接下来是清理洞室地表滚石、砂土,测算洞穴面积,定基线,布探方,等等。

诚然,这些工作可根据实际情况排先排后。就玉米洞的实情来说,由于空间比较宽敞,地表比较平坦,于是把洞室测绘工作后延,布方工作提前操作。

布方前的商议

玉米洞是一个水平型的溶洞,走向南西—北东,南西段洞室空荡,地面平坦,面积近1000平方米,北东段洞室也是空空荡荡的,但地面不平坦,面积也有近1000平方米。依据魏光飚所长的设想,先开发南西段,布设2个探方,结合陈少坤上半年布设的两个探方,共计4个探方:T1、T2、T3、T4。

第七章 规范发掘

寻找布方基准点

拔掉标志钉

依据旧石器考古发掘规程，凡是出土文物，不得随便离开原生层位，必须做完三维空间定位、填写野外发掘记录表和拍照之后，方可脱离土层，然后将标签和标本一同装入标本袋。

发掘工作准备就绪，只听领队一声令下，开工啦！

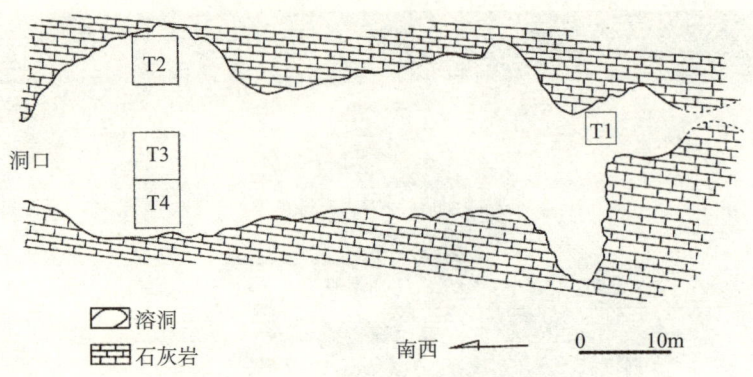

T1~T4 探方编码及分布图

左：T3 探方　　　　　　　　右：T4 探方

  一位姓陈的民工提了个建议：今天是开工日，能不能放下鞭炮，以示庆贺？

  领队听后，接连说了好几个从简、从简……接着又补充了一句："如果我们今后在发掘过程中有了重大突破，比如找到了'人脑壳'，那可是要庆贺庆贺的！"

  说完把手一挥：各就各位开始发掘吧！

玉米洞遗址2013年野外发掘记录表

发掘方号：　　　　记录人：　　　　页数：

日期	地层	序号	X	Y	Z	类别	长轴	倾向	备注（简单描述）

类别　1：石制品
　　　2：骨头
　　　3：牙齿
　　　4：石头
　　　5：其他

水平：0
垂直：9

按照领队的布置，张真龙在T3探方、刘光彩在T4探方，笔者机动，协助他们工作，诸如辨别化石、岩性描述、层序划分等。

起初几天，工作进展较快，主要是清理表土或扰乱层。进度稍快点的T3探方已挖下15厘米，考古材料不多，只采集了几件现生小哺乳动物的肢骨和单个牙齿。此时，负责该探方的张真龙问笔者："这里的化石似乎比T2探方少？"

四、讯问与回答

笔者接着张真龙的话题说道："这是正常现象，一旦进入文化层，其内涵就会丰富起来。从玉米洞的堆积土质分析,越往下岩溶型黏土会逐渐增多,这种岩性的堆积层多半是气候较为湿热的环境下生成的,湿热的环境极有利于动植物的繁衍,而动植物的繁衍带来了富集的遗骸。在安徽和县猿人遗址发掘期间,遇到的情况就是这样逐渐展示的,开始一无所获,当下到有岩溶型黏土的堆积层时,就出现了大量草食类动物如野猪、肿骨鹿和斑鹿的牙齿、肢骨等。考古发掘不可心急,看准了目标就稳扎稳打。"

T3 探方作业时的情景

发掘工作又过了一周,两个探方的进度都下到距离地面35厘米,见到的仍然是一些现生小哺乳动物的化石。

但是,没有过多久,T3 探方出现了一件被砍断的鹿角,给了大伙儿一个小小的惊喜。

这天,即 5 月 21 日,龙代清在清理 T3 探方堆积层剖面,当他清理完边角,瞄一瞄剖面的整体结构是否在同一水平线时,感到在眼前不远处显得凸凹不平,于是用地质锤敲

第七章 规范发掘

打了几下，出乎预料，一小块骨片掉了下来，随即拾起递给了笔者。

笔者接过一看，不由得哎哟一声："它不是骨片，是鹿角。"

张真龙一听是鹿角，立刻兴奋起来，并把掉下的碎片用502胶粘了回去。

笔者走近剖面一看，鹿角的基部朝外，主枝和眉枝均埋藏其内。龙代清说："教授，想完整地取出来，必须把四周的泥巴扒开。"

"对头，必须扒开。建议先扒掉上方的泥巴，以便看清楚鹿角的产状。"

T3探方鹿角出土地点

张真龙双手扶着角基，大龙清理泥巴。一点一点地往下刨，哪知快接近角的主枝时，一块石头挡住了去路。

大龙自言自语地说了句："咋办？"

笔者递给他一根剔针，建议用剔针先把鹿角与石块间的泥巴剔掉，然后用棉纸填入，以防石块脱落压坏鹿角。

大龙依其所述，不一会儿就把覆盖在鹿角上的土石全给清除了，一件完好的鹿角露了出来。

五、谁砍断了鹿角的主枝

我们把黏附在角枝表面的泥巴擦净之后,随即作了测量、记录和拍照,然后对张真龙说:

"你瞧,这件标本在埋藏过程中未经风化腐蚀,表面光洁如初。但是,它的主枝在埋藏前却被砍掉了。"

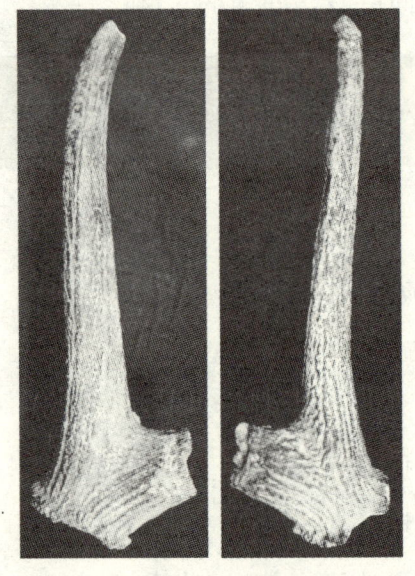

被砍断主枝的水鹿角(左:外侧观,右:内侧观)

大龙一听有砍迹,也注视着笔者所指的地方。"是呀,真像刀砍的。"大龙的话音刚落,真龙就立即问道:"那个时候的人有刀吗?"

笔者急忙插话:"真龙,大龙的意思是个比喻而已。"

接着,笔者拾起鹿角继续对他们说:"它的外侧砍痕与内侧砍痕各不相同,这种性状的出现,反映出执行者的智商达到了较高的水平。"

大龙问道:"此话怎么理解?"

"说得俗点儿,就是执行者为了省点力气,采取了内外夹攻的办法,即内外两侧各砍掉一半,然后用力往石头边角一摔,这不就一分为二了吗!由于内外两侧的作用力不同,因而在被砍的鹿角断面上,呈现出了不同状态的砍痕。"

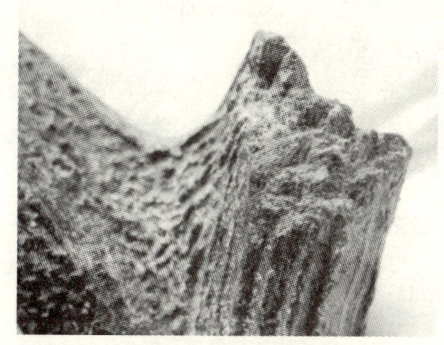
外侧砍痕

内侧砍痕

说完了砍痕,笔者又对这个鹿角的属性做了解读:

这只鹿角只保存了角环,显然是自然脱落的,若带有角基和顶骨,那就不是自然脱落的,很可能是意外死亡。

这只鹿角仅有3枝,即眉枝、主枝和第二枝,眉枝与主枝的夹角较大。就此而言,这个鹿角在生物学的系统分类上应归属水鹿。这种鹿的地理分布在华南较为广泛,无论是化石还是现生分子都是如此。

事后不久,在T3探方又出土一件水鹿角,角尖部分也有砍痕。从鹿角的粗壮程度看,是个鹿崽。

看来,玉米洞的居住者,常与鹿子打交道。

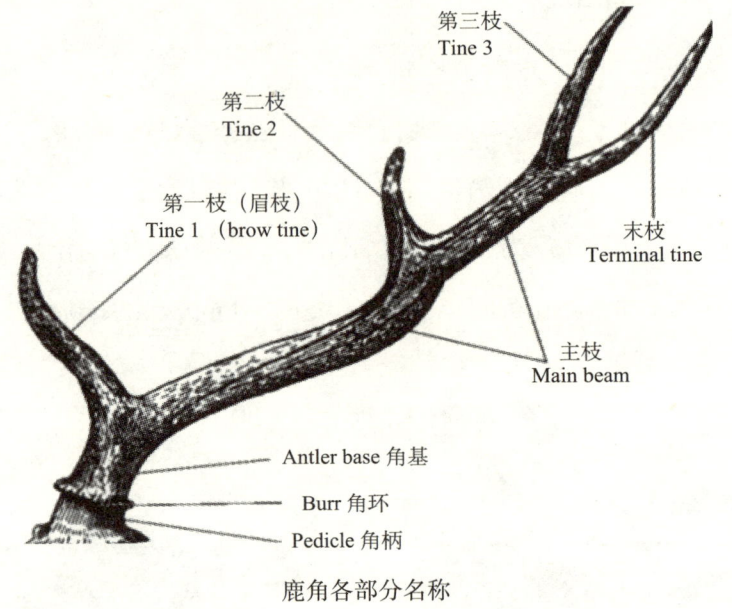

鹿角各部分名称

"是呀,鹿肉可口,鹿角有用,谁不以之为之。"一个农民工风趣地说。

初露层面的水鹿角

出土后的水鹿角

张真龙把鹿角包装收拾好后,贺领队告诉大伙:"收工了。"

大伙一听收工了,便忙着清理探方、收拾工具、打扫地表。等这些事宜做完后,才可以依次出洞回家!

第七章 规范发掘

回家啰!

第八章
罕见之物

第八章　罕见之物

自规范性发掘以来，哺乳动物化石接二连三地出现，而石制品呢，却无影无踪。也许，是时候不到。是，正当思索之时，一件大型砍砸器冒了出来。

一、大型砍砸器的出土

说起 T3 探方的发掘，有件事儿笔者至今难忘。什么事——一件大型砍砸器的出土。

水鹿角出土后的第 4 天，即 10 月 25 日，在 T3 探方东北壁大约距地面 50 厘米处，几块小角砾旁边，出现了一些白色颗粒状的东西。在此发掘的张真龙见后感到纳闷，为了搞明白其来龙去脉，二话没说，抓起一把就朝笔者走来。

此时，笔者在 T4 探方协助刘光彩绘图，见到真龙到来，想其必有事相求。立刻放下图纸问真龙："有事吗？"

"有事，您瞧，这是什么东西？"

笔者用放大镜看了看，用手抬了抬，而后对真龙说："这种白色颗粒是碳酸盐类沉积物，或为方解石微晶体。"

随后，笔者来到出现方解石微晶体的地方，一是了解方解石微晶体的产状，二是采集测年样品。当操作完这些事儿没多大会儿，真龙在方解石微晶体下方挖出一块扁平的石板。开始，

左：T3探方　　　　　　　右：T4探方

他毫不在意,当把石板周围的泥巴清理后,感到与众不同,但又说不出个名堂来,便毫不在意地把它丢在一边。

方解石微晶体

第八章 罕见之物

笔者收拾好记录本，打算去 T4 探方，当迈出一步、二步、三步时，注意到了真龙挖出的那块石板。凭借着它的长相，非一般石块，于是乎停下脚步，仔细一瞧，为之震惊，不禁"哎呀"一声，这可是件特大的砍砸器！

拿在手里，像出土的宝石、出海的珍珠！无论从哪个角度看，都展现出史前人类对其加工制作和使用留下的痕迹。这突如其来的兴奋，笔者久久难以平静！

然而，不知是谁说了句泄气话："不是人为的，是地层压的。"

笔者听了深感意外。心想，这么好的标本，怎么会是地层压的呢？

一时间，这种不协调的声音在脑海里碰撞着，碰撞着……

由于思绪万千，笔者未能立刻记录下标本的三维空间位置，事后想起来备感遗憾！

大型砍砸器（左：背面观；中：侧面观；右：腹侧面观）

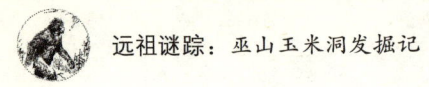 远祖谜踪：巫山玉米洞发掘记

二、矛尖器的问世

叙述了 T3 探方的发掘情况，接下来说一说 T4 探方。

文前已叙，T4 探方是刘光彩在此负责发掘的。这个探方紧靠洞壁，土质看起来发黑，表面还有一些当代人留下的灰烬。

10 月 15 日，小刘和民工把表土、灰烬清理后，动土开挖了。前来帮忙的莫冰，毫不逊色，抓起扁担就挑土。一挑、两挑、三挑，接连就是十几挑。大伙儿见状，不约而同地竖起拇指叫好！

没有过多久，光彩就从土层里找到了小哺乳动物化石。拿起一个牙齿问笔者："黄老师，这是什么牙？"

笔者接过一看，牙齿很小，门齿较直，尖端发红，由此判断，它应该是食虫类的鼩鼱。

再往下挖，棕褐色岩溶型黏土里的小哺乳动物化石越来越多，局部地方甚至密集成堆。随便抓起一把，骨多土少，笔者粗略地数了数，肢骨 100 多件，牙床 10 多块，单个牙齿更多。其种类包括翼手目、食虫目和啮齿目。这么多的小东西集聚一起，非就地死亡，从埋藏产状看，多半是异地死亡后被流水冲来的。

但是，其流程不远，要不然许多食虫类和啮齿类动物如鼩鼱、姬鼠等的牙齿仍然完好的保存着，倘若流程很远的话，其牙齿早被折断或磨损了。

第八章 罕见之物

莫冰（左），刘光彩（右）

再从埋藏这些小哺乳动物的土质看，多为含粉砂的岩溶型黏土，其间还夹着小碎石，碎块表面略为风化。这些沉积现象都说明了系洞外小股流水冲入洞里的。

10月23日上工不久，笔者从T3探方又来到了T4探方。这里的发掘进度已下到距离地面90厘米了，堆积层里的小哺乳动物略微少了点，但土质色调还是棕褐。就在这个不起眼的地方，却出土了一件令人惊叹的石制品——笔者叫它矛尖器。因为它尖端部分似矛。

说起矛尖器，得好好地叙一叙。

时间是2012年10月23日，天气阴，洞内温度比外面稍高一点，大概是16℃，穿件普通的棉衣舒舒服服的。如前所述，这个探方的主持人是刘光彩，她工作认真，一会儿刨土寻找化石，一会儿查看民工挖出来的土块。用她的话来说：

T4 探方作业时的情景（左：刘光彩，右：黄万波）

"尽可能地不要漏掉一件标本。"

当笔者转过身子查看探方剖面的那一刹那，在左前方的民工刨出来的几件石块中，其中一件长相特别，笔者意识到它是个可爱之物，立刻迈进一步看个究竟，几乎是同一时刻，那件可爱之物也映入了光彩的眼帘。由于光彩与它近在咫尺，抢先一步握住了它。

笔者立即喊道："光彩，快放回原位。"

她毕竟是参加过多次考古发掘的姑娘，已经意识到标本要做完三维测量后才能脱离层位。

标本放回原位后，对其进行了测量、编号、登记和拍

第八章 罕见之物

矛尖器

片。完毕，刘光彩用早已备好的包装纸和包装袋对其收藏。

"光彩，稍等片刻。"笔者拿着它又拍了几张现场照片。

回到住地，从光彩收藏的标本袋里，笔者找到了那件可爱之物，用棉纸擦了擦表面的泥巴，打量来打量去，总觉得它与众不同，于是上网求助，从东北到华北，从江南到西南，能够查阅的旧石器时代晚期的石制品资料中，玉米洞的这件标本独树一帜。它超群之处，在于它那个小尖嘴。忽然，笔者想起了汉代的矛，就其形态来说，两者大不相同，但是两者之尖端部分却极其相似。

难道说,它俩在文化发展过程中有其因果关系?这还有待考证。

背面观

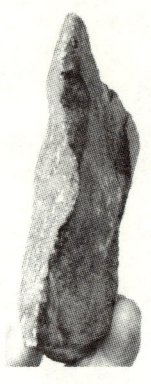
侧面观

腹面观

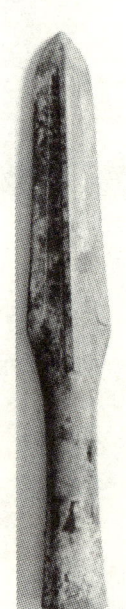
矛

矛尖器

第九章 石头之谜

第九章　石头之谜

一、巨石的形成

T4 探方还有个地质现象值得载入发掘记，其主人公是一块巨大的石灰岩。

为什么要专门叙述这块巨大的石灰岩呢？因为它把发掘者给怔住了。

这还得从头说起：

T4 探方自出土了那件矛尖器后，主持人刘光彩精神焕发，对每件"可疑物"都要亲自过目。10 月 29 日那天，她在探方的东南侧发掘，挖着挖着，忽然露出一块像洗脸盆那么大小的石板，起初她并没有在意，随着石板显露的面积逐渐扩大，50 厘米、100 厘米、200 厘米时，可把她怔住了。

光彩想，倘若是堆积层里的角砾，怎么这么大，倘若是洞底，怎么相邻的 T3 探方则无。琢磨来琢磨去，唯一之举是清除石板周围的泥巴，看看它究竟有多大。当挖到距离洞壁不远的地方，石板出现了有边、有缘，毋庸置疑，它不是洞底。

发掘民工见状也兴奋起来，劲儿往一处使，沿着边缘清理、再清理，终于水落石出——一块巨大的石板。

其长相，不圆也不方，呈一弯钩状。最大长近 3 米，最大宽近 2 米，厚 70 厘米。

巨石正面观　　　　　　　　巨石侧面观

光彩目睹了这般情景，问题接二连三：它是洞顶塌落之物，还是洞外来客？光彩带着这些谜团，前来咨询笔者。

其答复是，玉米洞形成后期，出现过洞顶塌落现象，而引起塌落的因素，是季节性的特大暴雨，导致玉米洞顶板之地下水饱和度超标，加速了缝隙、节理岩层膨胀、变形，最终崩解、塌落。

光彩听后，指着巨石周边的泥巴又问："与巨石一起塌落下来的碎块、小粒怎么不见了？"

"是这样子的，随着山洪的突发，巨股洪流涌入洞内，卷走了巨石周围的碎块、小粒。剩下来的这块巨石，这不就成了无兵、无卒的光棍司令啰！"

光彩哈哈大笑地说了句："您的话真幽默！"

说到洞顶塌石，再补充一例。

T7 探方发掘至 3.4 米许，出现了大片石板，石板之产状与堆积层产状一致,接近水平,其分布面积,少说也有3.5米×4米。由于分布面积广泛,发掘者将其视为堆积层之洞底,于是停止了作业。

但是,随着挖掘深度不断加深,相邻的T8和T6探方已过4米,还未见洞底,仍然是承上启下的棕褐色土状堆积。由此可见,T7探方的大片石板,应视为洞顶之崩塌物。

T7探方之洞顶崩塌物

二、河卵石之由来

河卵石,地质学叫砾石,这种东西分布广泛,只要走进河边,或者古老河床的阶地,都能见到这种光滑圆润的石头。没有什么谜不谜之说。

我们这里所说的"河卵石之谜"是有其特殊的地质背景的，特殊之处在于：①出土河卵石的地点在玉米洞，洞的周边没有河流，距离最近的庙宇河也有10多里路之遥，再说，玉米洞地势高，高出庙宇河400多米；②玉米洞的河卵石是与溶型黏土和石灰岩角砾堆积在一起的；③玉米洞的河卵石不是铺天盖地的一层，而是孤零零的，目前见到的只有几块：T7探方有2块，T3探方有1块；④玉米洞周边的山坡上未发现古河床沉积。

以上4项要点，排除了玉米洞的河卵石不是洞内生成的，也不是庙宇河冲积来的，或者洞外山坡上古河床之卵石流失来的。

T6探方的河卵石

那会不会是天外来客呢？更不是。根据玉米洞的地质、地貌、水文、气候等信息，没有发现外星人的一点儿蛛丝马迹。说的直截了当点儿，这种考古遗迹，都是玉米洞人在此生活时留下的。

我们知道，史前人类多以洞穴为生，生产工具是石器，

第九章 石头之谜

制作石器的原料是石头，制作者除了就地取材外，他们也可以用洞外的石块。这不，玉米洞的石制品原料中，就有来自洞外的燧石。由此及彼，他们既然能从洞外把燧石带回洞里，就能从洞外把河卵石带回洞里。

也许，有读者会问，史前人类为何会把河卵石带回洞来？

我们的回答是：制作石器。例如，巫山猿人遗址出土的那件砸击石锤，其原材料就是典型的河卵石。还有，北京猿人遗址的石制品中，就有不少石制品是用河卵石打制的。

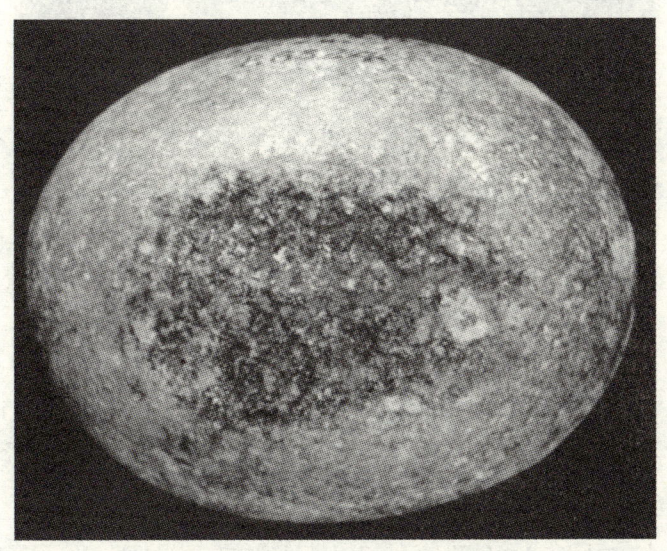

巫山猿人遗址的砸击石锤

我们之所以把河卵石在此叙述一番，目的是为在今后的发掘中多加关注河卵石的相关信息。拿T6探方的河卵石来说，它的一端缺了一块，从其断口看，不像是自然脱落的，是否人之所为呢，值得研究。

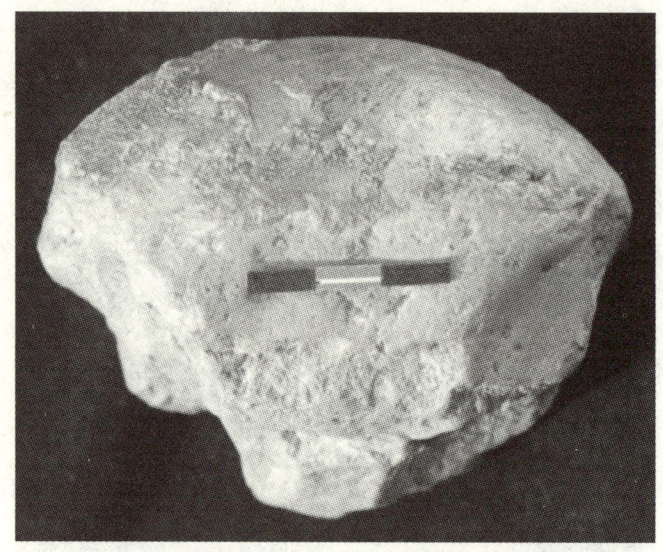

北京猿人遗址的砍砸器

搞清楚了河卵石之由来与作用,所谓"河卵石之谜",也就不称其为谜了。

三、空欢喜一场

继 T6 探方发现河卵石之后不久,在 11 层的岩溶型黏土里爆出个冷门。这话,还得从头说起:

负责 T6 探方的吴雁,大概是午后 3 点来钟,在探方西北角的岩溶型黏土里刨出了几块肢骨碎屑,接着又见到一个骨头,从其暴露的形态看,圆乎乎的。开始,以为是个腿骨头,可是随着面积的增大,又那么圆滑,引起了发掘者的兴趣:这难道是个人脑壳?但又不那么像,因为人脑壳没有那么圆。不管怎么样,刨出来再说。

第九章 石头之谜

当它完整地露出来后,原来是个大象股骨头。一起挖掘的民工风趣地说,空欢喜一场!

后来,笔者在整理标本时,再次观察了它的真容:是呀,粗略地看,是有点儿像人脑壳。但仔细瞧来,人脑壳没有那么圆,更为重要的是这件标本的骨质表面没有骨缝;众所周知,人脑壳是由多块骨头组成的,因此骨块之间有骨缝。总而言之,股骨头与人脑壳风马牛不相及。

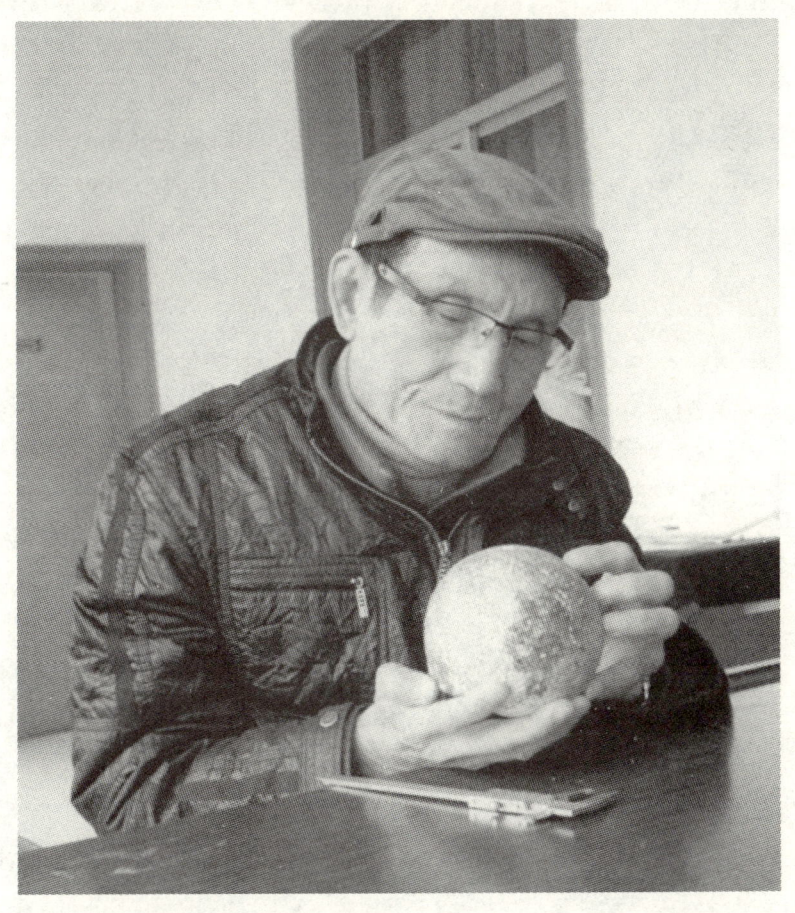

大象股骨头

123

第十章 法国学者的来访

第十章 法国学者的来访

一、考古学家博依达

时间过得很快，不觉进入了发掘工作的尾声。这天是周末，时逢12月2日。早饭后，接到光飚的一则短信，说的是法国巴黎第十大学博依达教授于12月上旬访华，第一站是三峡古人类研究所，目的是参观龙骨坡石器，特别要看近年来采集的新材料。

笔者立刻回复，其大意是，博依达此次来渝，对我们而言是个机遇，玉米洞的石器可以给他看看，不客气地说，请他指点指点，他毕竟是国际知名的旧石器考古学家。

光飚随即回复："好的。"

说到博依达之为人和学识，笔者在野外记录本上有这么一段话，不妨摘录几句：

博依达在龙骨坡发掘时的照片

我们知道，法国是旧石器文化研究领域的尖子，博依达是法国巴黎第十大学旧石器考古学资深教授，他除了对本土旧石器文化的研究有较深的造诣，对非洲、欧洲、美洲、亚洲的不少国家的旧石器文化亦有建树,撰写过多篇文章。他的研究方法、学术论证,可以这么说,都继承了法国旧石器考古学的传统理念。

回溯到1928年,裴文中先生在周口店北京猿人遗址发掘出大量石制品,有说是,有说否。最终,还是请了法国旧石器考古学泰斗——步日耶前来周口店,就其所识,拍了板——人工制品、定了位——旧石器文化。

步日耶

博依达这个人,对事业特别执著。在龙骨坡遗址发掘期间,由于采集的石制品包裹着一层钙膜,他每天晚上都是自己动手修理,由于时间久了,裤子磨出了几个口子。这是因为,他把石器放在大腿上当垫板造成的。

博依达对人和蔼,有问必答。对自己的学术观点,看准了的,不会因人而异。

举例来说,在纪念北京猿人头盖骨发现80周年的学术会上,博依达与美国古人类学家石汉相遇,两人寒暄了几句后,石汉便问博依达(大意):"你认为巫山人是人,还是猿?"博依达十分坦率地说(大意):"我是研究旧石器的,与巫山人一起出土了大量的石制品,这是事实。"

好了,就说这些,博依达即将抵渝,我们热情地欢迎他的来访。

第十章　法国学者的来访

二、棒、棒、棒

博依达一行到达重庆后,当晚为他们举行了一次便宴,地点在三峡博物馆旁的皇侨宾馆。大伙入座后,主人魏光飚所长向客人简单介绍了我方的同仁,接着是博依达介绍他们的来客。

后来的闲谈中,我们从200万年前的巫山龙骨坡到近几年来在三峡地区发现的手斧,向客人一一作了介绍。当提到新发现的玉米洞石制品时,他们听得津津有味。

与博依达同行的法国旧石考古学雨白博士随即问光飚所长:"明天我们能参观吗?"

"当然可以,还要向你们请教呢!"

次日,大晴天,尽管进入寒冬,但同行相遇,增添了几分暖意。

9时许,他们进入了标本室。光飚所长简略地说了说玉米洞的发掘情况和摆放在桌面上的数百件标本。他们边听边把目光投向那未曾见过的东西,表情异常,似乎像"猎人"遇见了"猎物",急于走近"捕食"。

看得出,他们的神态、举止,已为这批标本的独特形态而振奋!博依达拿着一件又一件标本不停地比划着,时不时地嘟噜两句。要是寻觅到一件理想的标本时,脸颊上便露出一丝微笑。

此时,我们已感觉到玉米洞的石制品非同小可,于是信

博依达看标本

手拾起一件问雨白:"你看,这件标本有点意思吗?"

他指着手里的标本,结结巴巴地说了句汉语:"棒、棒、棒。"

在场的侯亚梅博士接过话茬,指着博依达手里的标本重复了雨白的话:"这件标本更加棒、棒、棒。"

顿时,逗得大伙儿捧腹大笑。这笑声,可把博依达弄得有点儿不好意思了,低下头来做了个"鬼脸",把石器当做遮羞布。

笔者听了中外考古学家对玉米洞石制品的赞赏与定性,心情格外的兴奋!在座的同仁,恐怕都会产生共鸣!

博依达一行在渝停留的时间十分短暂,落地到离境只不过30多个小时。但是,玉米洞的史前文化内涵,却给他留下了极其深刻的印象。临别前的晚宴上,博依达非常中肯地表述

第十章 法国学者的来访

雨白（左），黄万波（右）

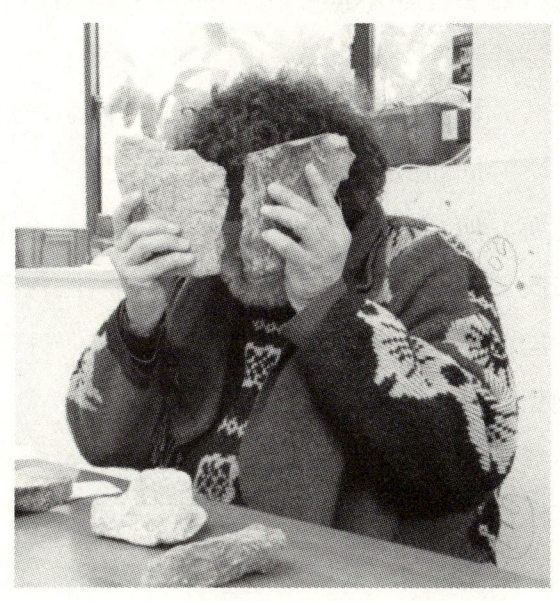

两块"遮羞布"

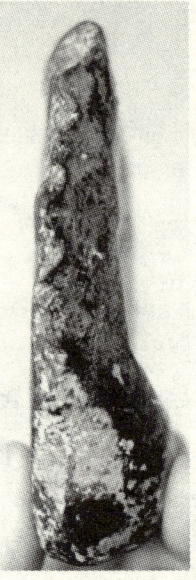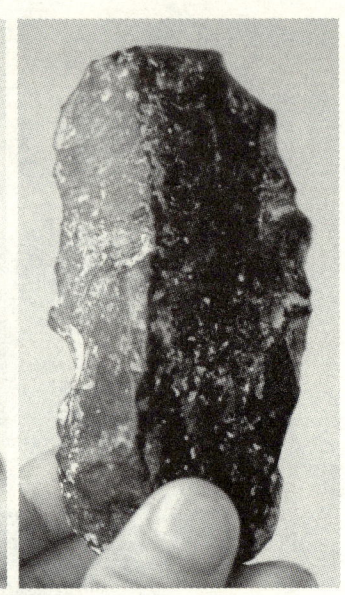

博依达赞赏的标本——小手镐

了玉米洞的石器工业,不同于南亚如与中国相邻的泰国、越南、柬埔寨之石制品,就中国华南而言,也是独具一格的。

有鉴于此,他提出了可否借鉴巫山龙骨坡遗址的那种合作模式,与之共同研究。

魏光飚所长听后,以诚相待地作了回应:"我们欣赏法国学者在旧石器考古学领域里的高超水平,值得我们学习和借鉴。我赞同就目前采集的这批标本,合作研究,文章投向国际知名刊物。"

博依达接连点头,表示同意。

送走了法国客人,光飚所长召开了全所会议,对博依达的来访与共识,给予了充分肯定。我们要以此为契机,把我们的工作做好,明年(2013年)继续发掘玉米洞,而且要加大投入,力争有所发现、有所收获。

第十一章 再发掘

第十一章 再发掘

一、三进玉米洞

法国学者的来访,为再一次发掘玉米洞坚定了信心。按照研究所的总体规划,玉米洞已纳入了5年计划的重点。

自2013年起,夏、秋两季不间断发掘。本次发掘之领队仍然是魏光飚,执行领队贺存定,队员有陈少坤、庞丽波、吴雁、张真龙、刘光彩、龙代清,学术指导黄万波,司机莫冰(夏季)、张兵(秋季)。

准备工作就绪后,我们一行于5月12日乘坐猎豹越野车直奔目的地——巫山县庙宇镇。由于路程较远,要在途中吃午餐。

说来也十分有趣,每次前往巫山,午餐都选定万州分水兔庄。这个餐馆位置居中,再说,馆子的饭菜可口,由于来往频繁,与馆子老板打交道的机会多了,时不时地让我们搓上几圈免费麻将。告别时,还送上小包香香脆脆的酥豌豆。

书归正传,到了住地龙骨坡巫山古人类研究所,安顿就绪后就开了个短会,宣布作息时间,遵守各项规章制度,等等。

会毕,三三两两步入庙宇镇散步去了。

5月13日，在贺存定领队的带领下，一行9人来到了玉米洞。参加此次发掘的民工仍旧是那些老面孔，余老大、唐大妈等。

入洞后的头一桩事：修整地表，测量基线，布设探方。按照总体规划，这次发掘4个探方，其编码序号：T5、T6、T7、T8，与上两次T1、T2、T3、T4衔接一起。探方面积，仍旧是5米×5米，格梁1米。这样布方之好处，有助于了解出土物在相邻探方之间的埋藏产状。在探方分布图上，规整有序，一目了然。

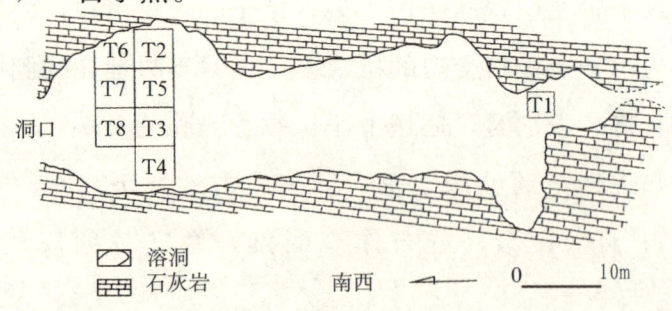

T1～T8探方分布图

第十一章　再发掘

上排探方编码（自左至右）：T2、T3、T4（已挖掘）、T5（未挖掘）

下排探方编码（自左至右）：T6、T7、T8（未挖掘）

布设好了探方，接下来宣布各个探方的发掘主持人及相关人员的职责：

T5探方，刘光彩；

T6探方，陈少坤；

T7探方，庞丽波；

T8探方，吴雁。

笔者仍然是学术指导；张真龙除参与发掘，还要负责操作卷扬机及其电路管理；龙代清还是清理地层剖面。

准备工作就绪后，贺领队一声令下："发掘！"

二、旗开得胜

各探方主持人进入角色后，工地就有了生机，有的清理堆积层表土；有的铲除岩块、碎石；有的增减发掘照明。整个发掘工地，一片繁忙景象。

T6探方的进度稍快，在靠近洞壁的灰黑色粉砂土里，发掘出了大量小哺乳动物化石，还有外圆内方的小物件、智人腿骨等遗物。从其材料的属性判断，均为全新世晚期之物。时代虽然晚点，但是它反映出在全新世晚期还有人在玉米洞活动过。

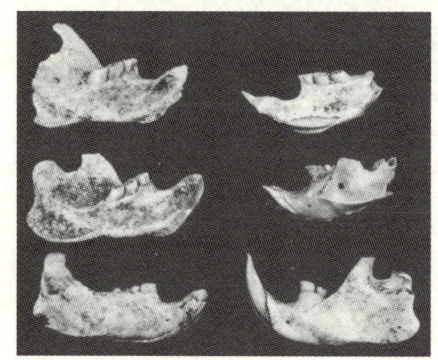 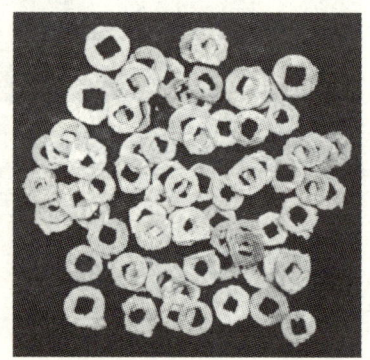

竹鼠下颌骨　　　　　　　　小物件

大约挖至距地面30厘米时，暴露出大批骨化石和石制品。之中，令陈少坤感到意外的是见到一小块燧石渣，拿在手里琢磨了一阵，未发现人工痕迹，就不经意地放在一边。然而没有过多会儿，又挖到一块燧石，就个体来说，比刚才那块大许多，当他擦去黏附在表面的泥巴后，几处闪亮的疤痕映入眼帘。他立刻放回原地，测量、记录、拍照。

此时，笔者走近了T6探方，亲眼目睹了少坤挖出燧石制品的全过程。

第十一章 再发掘

燧石刮削器

少坤见笔者的到来，立即把手里的具有多个疤痕的燧石标本递了过来。

笔者接过一看，开始思考：其一，玉米洞不产燧石；其二，周边方圆几里路也无处可寻。那么，它必然是远方的来客。

现在的问题，是什么动力将其带入洞里的？是自然营力、还是人类所为？

笔者的解读是：人为的，是玉米洞的主人带进来的。

诚然，也可视为流水冲入洞里的。但是，与燧石制品同一层位的岩性，均为岩溶型黏土，层间无流水痕迹，诸如微层理、凸镜体、卵石或砂子等物。再者，同一层位揭露出来的大量化石和石制品的埋藏机理看，人为因素大于自然营力作用。

燧石刮削器的出土，鼓舞了大伙的士气。大家都希望能有更多、更好的燧石制品发现。

下排左 1 探方即为 T6 探方

每个白色标签标志着一件文物

　　事情就是这么凑巧，5 月 21 日，上工不久，陈少坤在 T6 探方再一次挖到燧石制品。

第十一章 再发掘

笔者见了这件燧石尖状器，心情也特别高兴，立马拍摄了下来。与此同时，向少坤提了好几个问题，诸如它的埋藏产状、层位，以及有无伴生哺乳动物化石等。

燧石尖状器

少坤边听、边记录、边答疑，忙个不停。

记录，科学的依据

三、用火遗迹

T6探方除了燧石制品，还有一件东西值得叙述，即用

141

火遗迹。

话还得从头说起：4月下旬一个初晴的日子，T6探方主持人陈少坤一进入探方，立刻在他发现燧石制品的土层里寻找起化石来。他挖掘了位于探方西南壁的几块角砾后，出现了星星点点的黑色颗粒，刚一开始，这未能引起陈少坤注意，大约挖下距离地面40厘米时，这种黑色颗粒逐渐增多起来，偶尔间，还夹杂着稍大的黑红色斑块。局部地方被碳酸盐类物质胶结，性硬，此时陈少坤已预感到这种现象有可能与史前人类的用火有关，于是把这一情况传给了笔者。

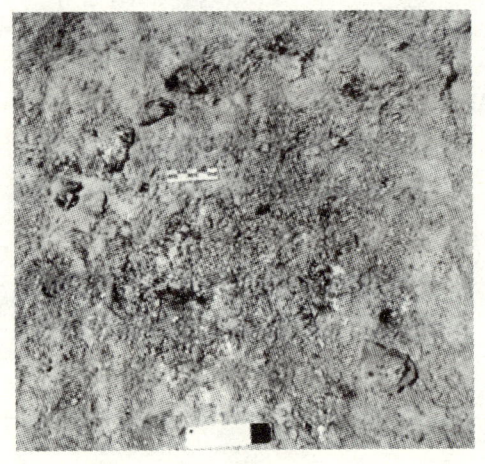
黑色斑块

笔者走进T6探方，立刻被那堆黑漆漆的炭屑吸引住了。纵观全景，炭屑周围的土质色调偏红，有的炭屑还保存着木质纹理。在底部边缘还有小石片制品。这种场景的出现，使其联想到初探玉米洞时见到的烧骨和灰黑色条带状炭泥的情景。

看来，玉米洞主人的影子与我们越来越近了。

少坤十分赞赏这种联想。于是建议让张真龙做个套箱，

第十一章 再发掘

初探玉米洞时见到的烧骨

初探玉米洞时见到的灰黑色条带状炭泥

把这堆炭迹连窝一起端回去。

文前已提到过，张真龙在中国科学院古脊椎动物与古人类研究学习期间，参加过制作套箱的实践。由他来处理这堆炭迹是信得过的。

他看了看炭屑的分布面积，打量了一下炭屑周围的土质，提出个建议："炭屑以外20厘米为界线，自上而下至60厘米处，把周围的泥巴切掉，尔后用含有石膏的棉纱布裹起来，待石膏干后，再用含有石膏的棉纱布把顶面和底面裹起来，待石膏干后，就可以搬运了。"

大伙儿听了连声叫好！

包裹炭屑之情景　　　　　　　运出洞外

说完了 T6 探方的炭屑，再补充一个与炭屑相关的灰坑。它发现在 T8 探方，从其层序看，它处在第 1 堆积层与第 2

T8 探方的灰坑

堆积层之间。主持人吴雁认为，不像是史前人类的用火遗迹。但她还是认真地、规范地操作，当把炭灰四周的土层刨开后，灰烬未胶结，十分疏松；灰烬里还夹杂着近代器物，诸如碗片等；灰坑边缘的黏土层由于烘烤过剩，土质发硬、色调深红。

四、似手斧

开工不久，从 T6 探方燧石制品、炭屑的出土，到 T7 探方似手斧的发现，可以说是捷报频传，令人振奋！

说到似手斧的发现，有段离奇的趣闻令人难以忘怀。

4 月 25 日上工不久，不知是谁，路过 T7 探方南壁时不小心踩踏了土块，导致地层剖面出现了一个缺口，该探方作业的民工冉应德见状，指着缺口很不高兴地嘟噜了几句，是谁干了这种事儿，踩踏了也不打个招呼。

笔者正好在场，立即对冉应德说："没有关系，用几块石头和泥巴补上就是了。"

冉应德是个勤劳的农民工，二话不说，拿起地质锤就往缺口走去，仔细地看了看缺口的形态。凭经验，感到修补这样的缺口不能就事论事，必须把缺口再扩大一些，然后用石块交错地镶嵌起来，既牢固、又规整。

大主意拿定，便千方百计地去实现其目标。他不慌不忙，一手点火抽烟，一手拾起地质锤，对着缺口周边的土块就是一阵敲打。也许是由于用力过猛，触动了缺口下的第二堆积层。这么一来，可捅了个大娄子，一块块原生堆积塌落了。

下排左起第二探方即为T7探方

庞丽波在T7探方的工作情景

站在冉应德跟前的庞丽波，见了这般情景，十分惋惜地说了句："瞧，原生层塌落了吧！"

冉应德不好意思地答了句："抱歉、抱歉！"

说罢，把塌落的岩块拾了起来，一块块地填补在缺口处。当他拾起一块长不长短不短的岩块时，被庞丽波一眼盯上了："且慢，把它给我。"

庞丽波接过岩块一瞧，感到它与众不同，像是石器。于是顺手递给了笔者。

其实，上面记述的这些情景，笔者早已历历在目，要不

第十一章 再发掘

似手斧 （左：背面观；中：侧面观；右：腹面观）

然，这段趣闻就不得而知啰！

　　玉米洞的这件似手斧出土之后，立即引起了考古学家的极大关注，甚至对它的属性还给予了定位。有学者认为，它的形态不怎么规范，应视其为似手斧，还有学者则视其为手镐。那么，典型的手斧，在其鉴别特征上具有哪些特征呢？笔者查阅了中外旧石器考古学家对手斧的描述，其内涵大同小异，本书认为林圣龙先生对手斧的记述较为通俗易董。具体而言，有以下四点：

　　（1）一种大型切割工具，一般长在100毫米以上。

　　（2）通常两侧对称，周边有连续的切割刃（有时根部例外），刃缘规整锋利呈双斜型。

　　（3）截面较薄，纵截面和横截面通常为稍稍扁平的双凸或透镜体，或者是比较薄的平凸形。

（4）制作典型或比较精致的手斧，经粗制、去薄和成型，两面广泛修整。

此外，林圣龙还列出不同学者对刃角和宽/长比率、厚/宽比率、厚/长比率给出的不同数值。

拿林圣龙先生描述的这几项内容来对照一下玉米洞的这件标本，能说它是手斧吗？不能，因为它不那么规范。比如说，玉米洞标本周边没有连续的切割刃，中间部分不那么双凸或透镜状。把其视为手镐，好像也不合适。还是那句老话，待系统研究时再定。目前，暂称其为"似手斧"吧！

五、子母器

"子母器"这个词汇，恐怕在旧石器词典里是找不到的。因为它是个新词。其由来有二：①标本出土时，两块石器合在一起，一大一小；②两块石器原先是一件，使用过程中有意或无意地弄成了两件，且件件都有疤痕可寻。

魏光飚所长见了这般情景，"子母器"一词便油然而生。笔者考虑到是个新事物，于是专辟一章加以记述。

这事儿，还得从4月22日说起。

那天，T5探方发掘至第3层时，在靠近西南壁不远的棕色岩溶型黏土旁边，出现了一块长形的较大石片，刚一出露，未能引起注意，当T5探方主持人刘光彩把石块周边的泥巴清理后，感到它不是普普通通的石块，而是一件石制

第十一章　再发掘

品，因为在侧缘有多处打击疤痕。

笔者当时在场，与光彩的看法不谋而合。于是拍照、测量、记录之后，便把它取了出来。哪知道，在起土的瞬间，它变成了两块，上面一块小，下面一块大，两者衔接得十分吻合。开始，笔者没有在意，但随后一瞧，两块标本的边缘都有清楚的打击疤痕。如此的埋藏产状，令我俩不可思议。思索良久，笔者大胆地做了如下之推测：

石器在使用过程中，由于作用力的关系，有时候会导致标本断裂成两块或多块。使用者将计就计，把裂开的一块也当做工具使用，故在边缘留下了疤痕。

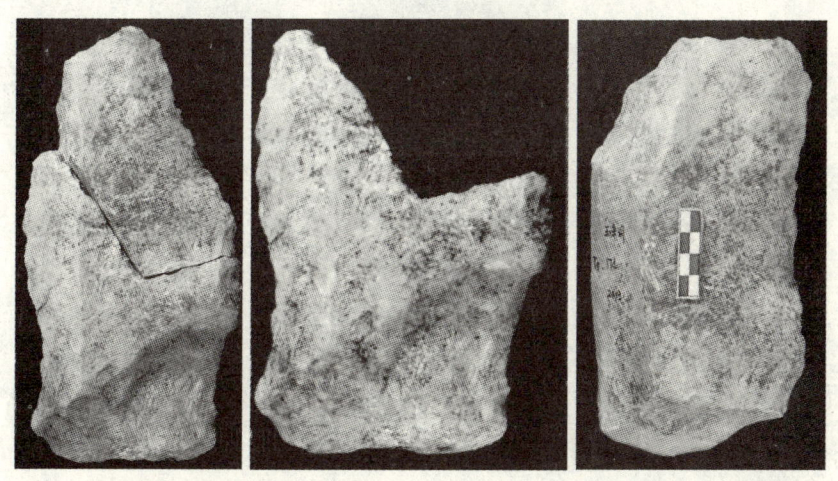

T5探方左：1号子母器出土时的情景，中和右：分开后的情景

大约一个月后，即5月21日，在T8探方也发现了子母器，埋藏层位略靠下一点儿，也就是第5层。出土时的情节与T5探方者完全相同，均是一大一小合在一起，分开后，成了两件，两件的侧缘均有疤痕。

笔者为了记述和将来研究之便，把T5探方的那件子母

远祖谜踪：巫山玉米洞发掘记

T5探方1号子母器出土
层位（圆点处）

器，编为1号，T8探方者编为2号。若再发现，序号顺延。

6月2日，在T8探方再一次出土了子母器。器物序号为3号。埋藏情景亦与先前的两件一致，所不同的是第3件比第2件稍大。石料均为轻度变质石灰岩。

第十一章 再发掘

T8探方：2号子母器出土时的情景

分开后的情景

T8探方2号子母器出土层位（圆点处）

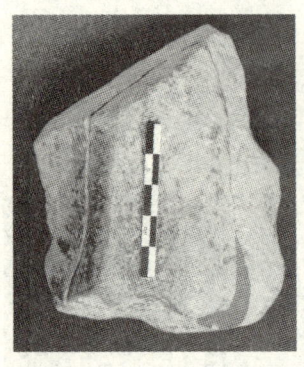
T8探方：3号子母器出土时的情景

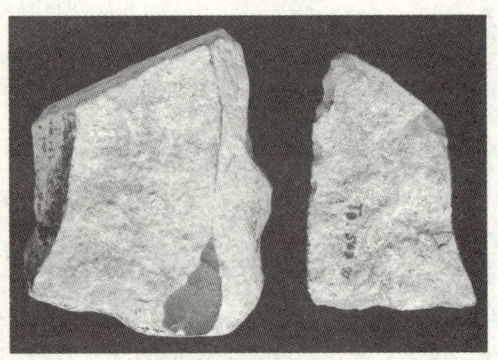
分开后的情景

T8探方3号子母器出土层位（圆点处）

现在的问题是，使用者为何将子母两件标本拼接好之后放在一起，而不是随意地丢在一边，东一个、西一个的。其奥秘所在，不得而知。也许，玉米洞人是有意识地把两件合为一体，给日后使用带来方便。

六、喙嘴器

玉米洞的石制品中,有多件带个喙嘴样的东西,长相十分特别,说它是个尖状器,倒不如说它是个喙嘴器。

为什么称其为喙嘴器?顾名思义,即器物有一喙嘴。至于这种喙嘴器之用途,不得而知。有学者说它像个艺术品,笔者认为,依据不足。不过,也不可轻易否定,至少为进一步研究提供了一种思路。

下面,说说第一件喙嘴器的出土经历。

5月22日,上工不久,T5探方主持人刘光彩不断有所发现,一会儿挖到化石,一会儿刨到石器。测量、记录、拍照忙个不停。笔者获悉,十分高兴。于是从T7探方转到了T5探方。

上排第2探方即为T5探方

远祖谜踪：巫山玉米洞发掘记

下到 T5 探方不久，大约 10 分钟，刘光彩从民工那里再次获得几件标本，其中一件长相特别，从外形上看，不像石器，于是随手递给了笔者，并说："黄老师，您看看，它像个啥？"

笔者接过一瞧，说不出个所以然。但是，把石块周围的泥巴弄干净后，感到有点儿特别，特别之处是有个喙嘴，其下方，还有明显的疤痕，再往下，疤痕更多。

笔者定了定神，反问一下自己，这会不会是风化作用形成的？

仔细看了看疤痕的边缘，几乎都是带棱带角的。那么，会不会是节理脱落造成的？也不是，倘若是节理所致，首当其冲的是喙嘴脱落，因为喙嘴就在节理缝上。

笔者考虑来考虑去，将其视为人类行为之产物是比较恰当的，尤其是后来陆续出土了多件类似喙嘴的东西，便更加坚定了这种信念。

T5 探方喙嘴器

T8 探方喙嘴器

第十一章 再发掘

T7 探方喙嘴器

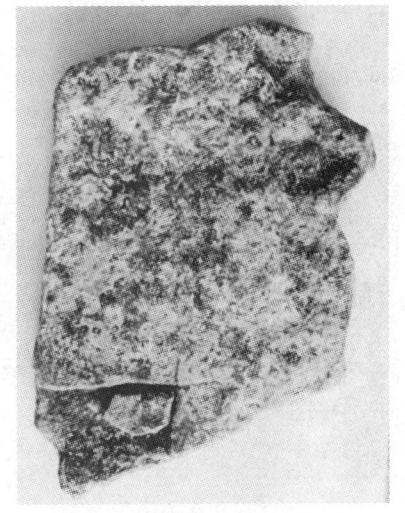
T7 探方喙嘴器

T8 探方喙嘴器

T5 探方喙嘴器

七、石砧

玉米洞采集的石砧计有 5 件。3 件大的，2 件小的。大者，长、宽、高分别为 52 厘米、35 厘米、30 厘米；小者分别为32厘米、13厘米、10厘米。以编号01标本为例作一简介：

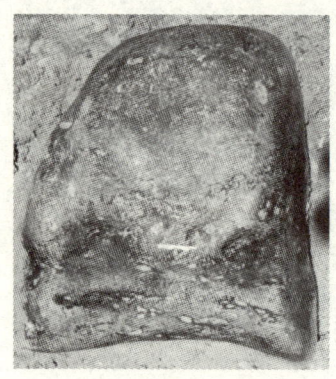

01号石砧正面观

01号标本出土于T5探方，距地表2.1米，埋藏在棕色砂质黏土里。刚出露时，民工以为是个河卵石，但挖着挖着发现个子越来越大，呈长方形，一头圆圆乎乎的，一头有两个小窝窝，看起来像眼睛。主持人刘光彩习以为常，没有把它当回事。

此时，笔者来到了T5探方。光彩指着那个庞然大物说："黄老师，这么大个石头，有没有用？"

上排第2探方即为T5探方（第2方被木棒覆盖）

笔者接连回应："有用、有用。"走近跟前一瞧，真是个大石头，其长相可不一般，于是用毛刷除去周围的松土和表

第十一章 再发掘

面的残留泥巴,一个非常完整的河卵石展示了出来。接着往底下一瞄,怎么底面四棱四线,平平整整,没有一点儿水蚀痕迹。这个样子的石头,非河床之产物。

我们知道,河卵石在河床里滚动时,周身都是圆滑的。也就是说,这件上圆下方的石头,其由来机理,得另作考虑。

无巧不成书,在玉米洞外的山腰上,有条羊肠小道,道边的两旁,有不少裸露着的大小各异的石头,由于长期风化剥蚀,其外表变成了圆乎乎的样子,如下图所示,倘若把T5探方的这个石头与它们摆放在一起,就像是一个模子造出来的。

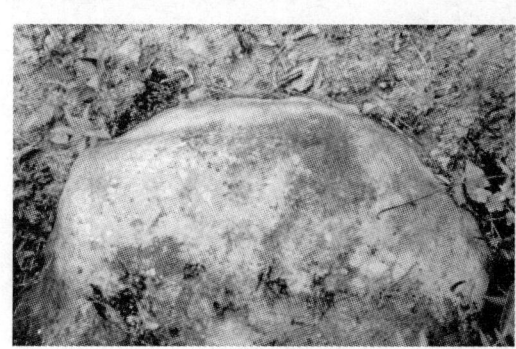

山坡上的风化石

如果我们的这一推理是对的,那好,玉米洞里的这个石头,应当视其为外来户,从山坡上搬进去的。

至于它的用途,从其外表展现出来的疤痕、凹坑,是件用于肢解或者砸骨吸髓之重型工具——石砧。

说完了01号标本,再叙一叙02号。笔者感觉,02号石砧的体态与01号相当,也是上圆下方,但是比01号稍长点,表面之圆滑程度相对差点。这种差异,是由表面和周围的若干个打击疤痕造成的。多个疤痕的存在,充分说明了洞主之使用频率是相当高的。

02号石砧出土时的情景

清洁石砧表面泥土

八、三棱石

三棱石的出土,是笔者亲自操作的。

第十一章 再发掘

6月29日，上午10点来钟，笔者从T8探方来到T5探方。考察完了新开挖的地层剖面后，在探方的西南角下，找了个马扎坐了下来，与民工一起刨土、运土，忙个不停。刨着刨着，一个尖状的东西露了出来。开始，笔者以为是块带棱角的石头，当把周围的泥巴刨开后，体积越来越大，似乎有角有面，而且每个面是平滑的。此情此景，令人十分费解。这是什么，没有人见过。不管怎样，取出来再说。

为了加快进度，笔者换了一把稍大的钩子，先把周围的土层再刨掉一些，让物体的整体面貌暴露出来。

功夫不负有心人，经过一阵子的发掘，目的终于达到了——原来是个带有三个棱角、三个面的锥形体。其底面略微宽大，摆放得整整齐齐。在场的民工见后，也感到离奇古怪！

T5探方三棱石

此时，一民工提了个醒。"黄老师，洞里光线太暗，搬出洞外再看。"

三棱石运出洞外

在民工的协助下,不一会儿三棱石就搬出了洞外。有的用水冲洗,有的用毛刷清土。

在明亮的阳光下,无论你怎么看,三个棱角、三个面,上小下大,摆在地上四平四稳。不用说,它的形成机理用风化、溶蚀来解读是难于令人接受的。原因之一,石灰岩的成分是碳酸钙,遇上了带有二氧化碳的水,就会发生化学反应,变成了碳酸氢钙。也就是说,石灰岩的表面就会被溶蚀。

具体到这件三棱石,在洞穴堆积过程中,常有地表水或地下水与它擦身而过,受其作用的首先是带尖、带棱的部分。如同它周围的石灰岩块一样,早已面貌全非,变成了棱角模糊的次圆级石块；原因之二，这件三棱石的顶点略微偏下一点的地方，大约有 3 厘米长，2 厘米宽的光滑面。从其形态看，它是在三棱石之后生成的。

上排左起第 1 方即为 T5 探方

8 月中旬，三峡古人类研究所为了搞明白三棱石等标本的形成机理，专门邀请了重庆西南大学岩溶地质学教授杨炎等，前来三峡博物馆考察、鉴定。

他们进入标本室后，不顾天气炎热，对每件标本都做了仔细的分析、研究，特别是三棱石，看了又看。

琢磨来琢磨去，最终谈出了几点看法（大意）：我们观察的标本，从其形态和形成机理说，一不是洞顶塌落下来的；二不是洞外洪水冲进来的；三不是流水溶蚀的。排除了这些自然因素，至于是不是史前人类搞的，我们是外行，最终结果由你们来定。这些粗浅的看法，仅供参考。

听了两位岩溶学教授对三棱石等标本的解读，笔者深受

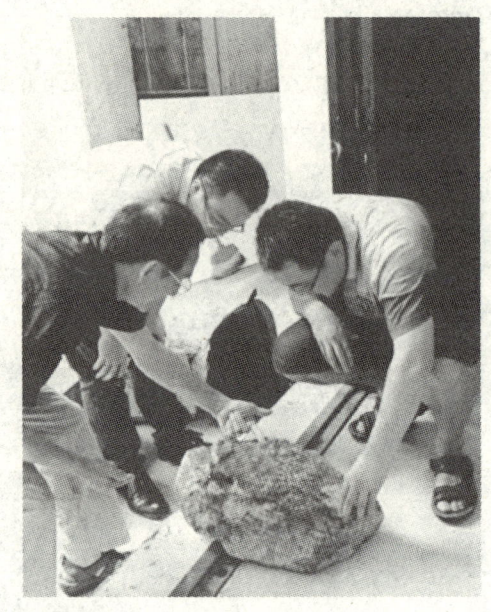

杨炎等观察三棱石的情景

启迪。那好，若是人工制品，是用来干什么的？若是艺术品，体现了什么意识？

在一次工作汇报会上，三峡博物馆原馆长王川平先生看了这件三棱石说："它的用途很明确，断骨器。"

旧石器考古学家侯亚梅博士则认为："它很可能是某种信仰之物。"

笔者接过亚梅的话茬："没准儿是主人的崇拜物——小小'金字塔'。"

说到这里，我们带着十分兴奋地心情告诉读者，在整理标本和资料的过程，在标本室见到了多件三棱状的石头，其中在T8探方出土的那件与T5探方的这件相比，除体积略小点外，其他形态如出一辙。出土时的情景也是尖朝上，底朝下。

第十一章 再发掘

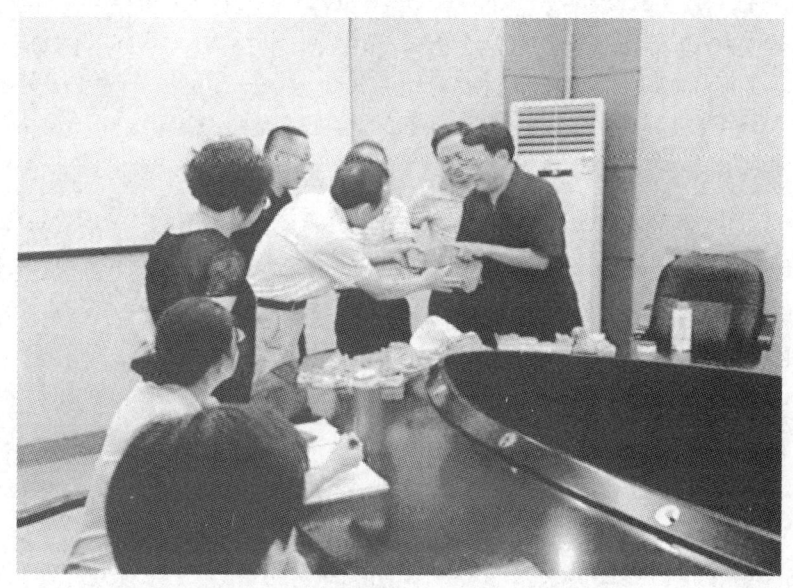

与会者议论三棱石

看来，多件三棱石的出土，进一步论证了西南大学杨炎教授的意见，非自然营力所生，而应当考虑人之行为。

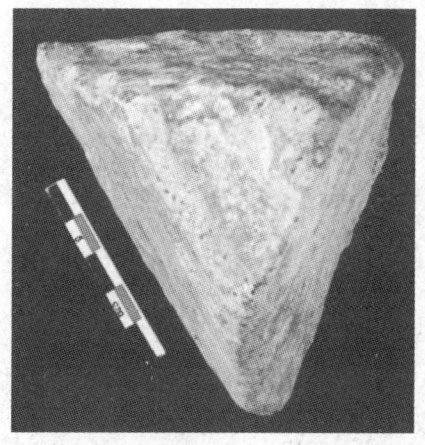 

T3探方的三棱石　　　　　　T8探方的三棱石

第十二章 石、骨、角、牙制品

 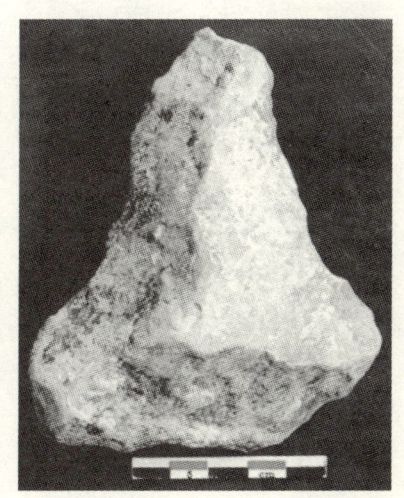

第十二章　石、骨、角、牙制品

一、石制品

玉米洞出土的石制品，从 2012 年试掘到 2013 年正式发掘，共采集近 2000 件。作为发掘记，不可能逐一叙述。一些典型事例，诸如似手斧、子母器、矛尖器、大型砍砸器等在文前已经作了交代，不再赘述了。

这里，仅就三峡古人类研究所于 2013 年冬在重庆巫山召开的有关玉米洞石制品的学术研讨会作一简介。其目的是让读者更多地了解到国内外同行对玉米洞石器工业的评论和与众不同的文化体系。

出席会议的 20 多位代表，有来自科研机构、大专院校和博物系统的，包括了旧石器考古、环境考古、古人类、古动物、地质、地貌、岩溶等多个学科。他们考察了玉米洞发掘现场，目睹了探方地层剖面。回到室内，观察了玉米洞石制品和哺乳动物化石。随后，与会者从不同的视角，对玉米洞石制品的属性问题进行了论证。最终，一致认为重庆巫山玉米洞出土的石制品，人工痕迹清晰，器型粗犷、独特，是中国西部地区的一种具有本土特色的文化体系。

法国巴黎第十大学资深旧石器考古学家博依达教授，看

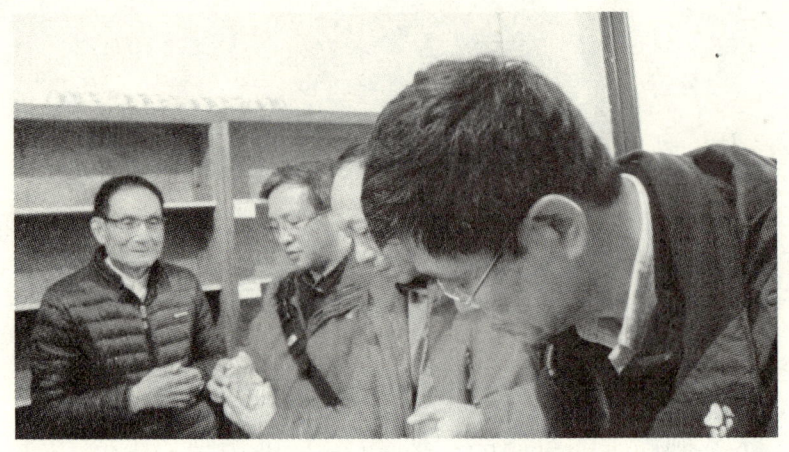

与会代表在标本室考察玉米洞出土的石制品

（左起：黄万波、高星、陈全家、王幼平）

与会代表在标本室考察玉米洞出土的石制品

（左起：金昌柱、黄万波、高星、夏正楷）

了玉米洞的石制品，做了一段令人深思的评语。

　　博依达在评语中说，在更新世至全新世时期，整个中国

第十二章 石、骨、角、牙制品

与会代表在玉米洞 T6 探方考察的情景

南部的山区不论是基因、文化还是语言等方面都对东亚古人类活动和演化发挥了极其重要的作用。玉米洞遗址就是该区域一处有代表性的、特色鲜明的中至晚更新世人类活动遗址。具体而言，玉米洞遗址的石器工业，与欧洲、非洲、近东甚至印度次大陆的石器文化均表现出明显差异。即便是与东南亚地区如泰国、越南、柬埔寨、老挝等相比，玉米洞的文化也是独树一帜的。当然，玉米洞所处的中国中南部与东南亚更新世均没有出现过勒瓦娄哇和石叶生产的概念及其产品，这在整体上又与欧洲、中亚及中国西北部，如内蒙古鄂尔多斯，划出了一条文化的鸿沟。

玉米洞的石器工业整体面貌粗大、厚重，具有独一无二的技术特征，是中至晚更新世古人类成功适应长江三峡腹地特殊的森林环境并与其实现良性互动的产物，体现出该文化的原创性、高效性和特殊性，直至今日，类似该遗址的石器工业在其他地区尚无发现，即便是与周边发现的属于"现代人"（智人）的石器工业相比也是风格迥异。

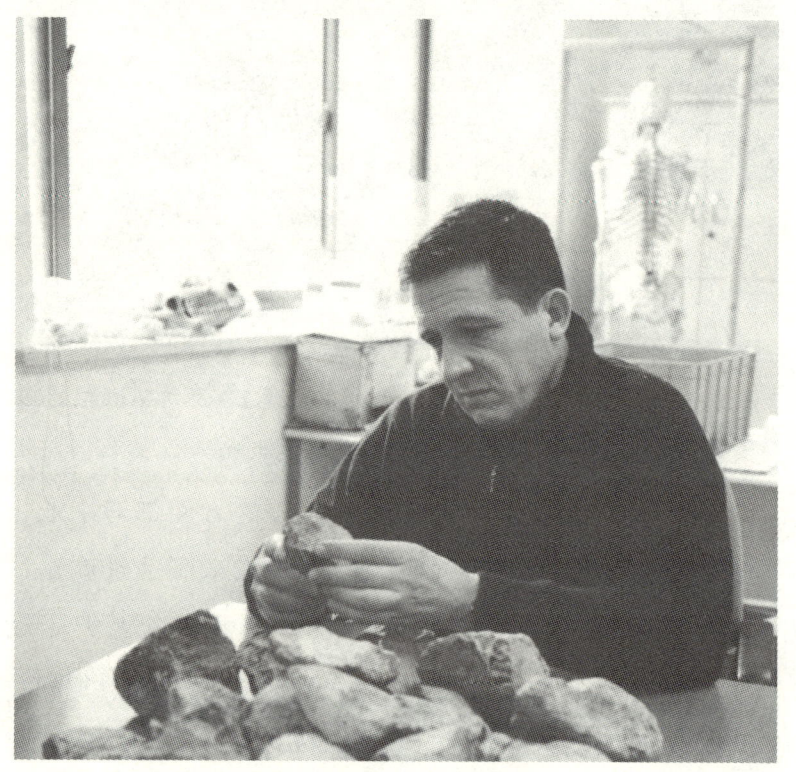

雨白观察玉米洞石制品

所以，玉米洞遗址的重要性在于：一方面揭示出现代人行为远比我们此前认为得复杂多样，另一方面，证实用西方史前文化演化的5个模式理论来套用中国古人类文化的过程和模式缺乏依据。总而言之，玉米洞的这个新发现对于认识中国远古人类文化进化的特殊性并探讨背后的动因提供了不可替代的重要线索。

玉米洞遗址及其石制品的属性，经过中外学者的论证，为进一步开发玉米洞遗址指明了方向。可以相信，随着发

第十二章 石、骨、角、牙制品

掘、研究工作的深入，如同博依达教授所预料的那样，玉米洞文化对于认识中国远古人类文化进化的特殊性并探讨背后的动因提供了不可替代的重要线索。

以下，选择了几件石制品图片，作为玉米洞石器工业的一个引子，供读者欣赏。

燧石制品

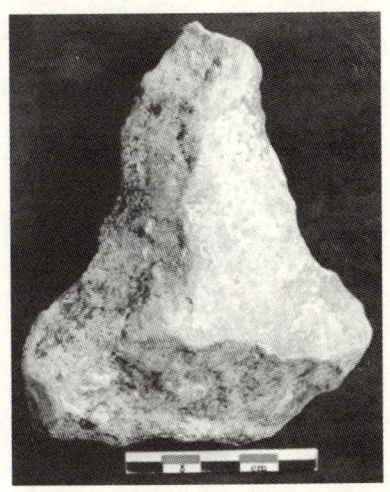

尖状器（左：背面观，右：腹面观）

远祖谜踪：巫山玉米洞发掘记

直板砍砸器（左：背面观，右：腹面观）

圆弧砍砸器

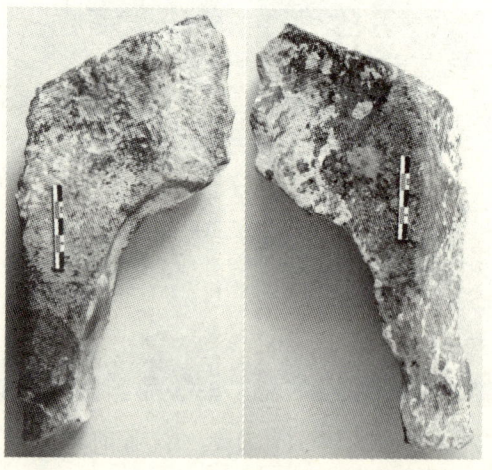

斧子砍砸器　（左：背面观，右：腹面观）

第十二章　石、骨、角、牙制品

二、骨制品

玉米洞出土的骨制品，就数量而言，比起石制品来说少得多。其中，较为典型的是一件骨质砍砸器（见174页图）。

这件砍砸器，出土于T8探方。骨料为奇蹄类动物的肢骨。从其形态看，好像是肱骨的远端部分，从其骨壁厚度看，好像是犀的。

笔者初步测量，骨壁之厚度近6毫米。可见，制作者在选料上是有讲究的。也就是说，犀的肢骨粗大壮实，易于加工制作。

其制作步骤，先是将骨的远端和近端砸掉，然后把所需要的部分劈成两份，即从骨体中间砸开，尔后在骨块的破裂面边缘修理成刃口和把手。

该标本出土时，笔者未在现场，事后据吴雁说，该标本出土时的产状是倾斜的，大头朝上，小头朝下，在它的周围没有角砾，而是黏土。由此看来，其埋藏机理是使用者留下的，非自然营力如流水冲积的。倘若是流水作用，大头应当朝下，且与沉积物在同一水平上。

下面这件标本（见175页图），出土于T7探方第12层。标本材质亦为奇蹄类动物肢骨，埋藏于灰白色钙质胶结物中。

标本的加工步骤，与T8探方者类似，亦为从骨体中间砸开，然后在骨块的破裂面边缘修理成刃口和把手。

骨制品（左：背面观；中：侧面观；右：腹面观）

吴雁、张真龙在 T8 探方作业时的情景

第十二章　石、骨、角、牙制品

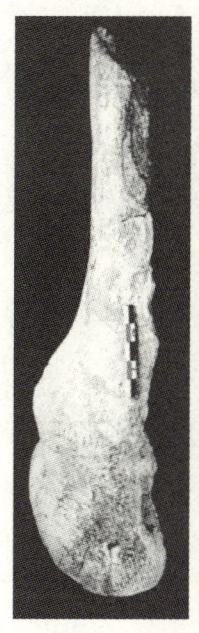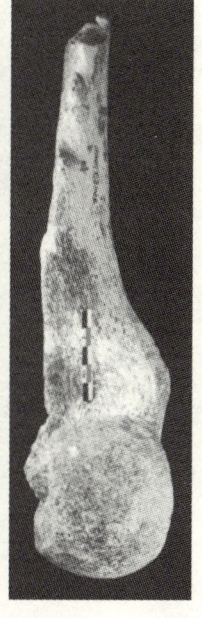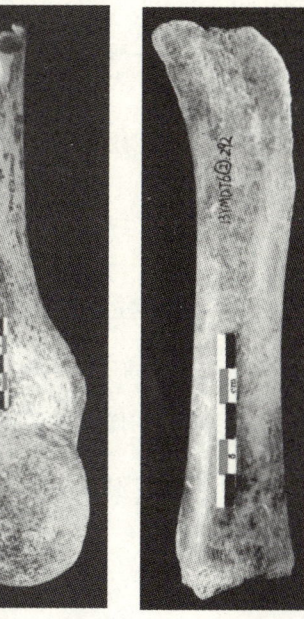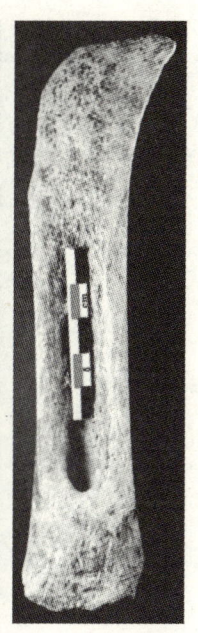

奇蹄类动物肢骨制品　　　　偶蹄类动物肢骨制品

三、角制品

玉米洞的角制品，与骨制品相似，数量也少，有两件标本保存完好。头一件出土于 T5 探方，另一件出土于 T7 探方。两者材质均为水鹿角。

T5 探方的那件，从其形态看，该鹿角没有角基部分，说明它是自然脱落的。也许，玉米洞人在山里活动期间，拾到了这支自然脱落的水鹿角，带回了住地，或者就地将其加工、制作。

关于标本的制作规程，我们在发掘现场与刘光彩交谈过，认为制作者首先把眉枝劈掉，接着砍断主枝远端的分叉

175

部分，然后把远端加工呈一铲形。

光彩问："该标本远端的铲形部分为何是光亮、圆滑的？"

"就其形成机理来说，可以理解为磨制成的，也可以理解为使用过程产生的。"

回到住地，笔者再一次对 T5 探方的这件标本作了仔细的观察。从宏观上说，制作者考虑的第一步，是将这个圆柱形的鹿角削成一铲形，然后再细加工。从铲形近端部分保留的砍砸痕迹看，是用石器砍砸的。至于铲形远端的光亮、圆滑的现象，是在使用过程中产生的，而不是特意磨制出来的。

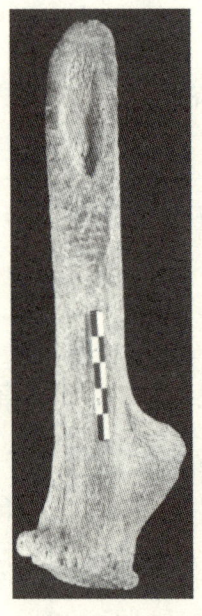
T5 探方角铲

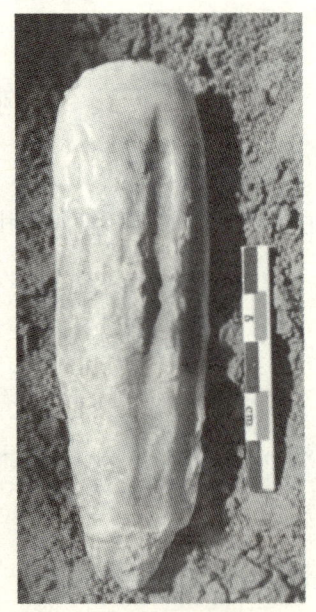
T7 探方角铲

第十二章 石、骨、角、牙制品

四、牙制品

T8 探方主持人吴雁在挖掘中,见到了一件既不是石器又不像骨器的东西,拿在手里东瞧瞧西瞧瞧,有点儿纳闷。

此时,笔者正好从 T5 探方来到了 T8 探方,见到吴雁拿着个什么东西翻来覆去地打量着。

吴雁见笔者过来,急忙把手里的东西递了过来,并说:"黄老师,我正想找您,您看看,这是什么动物的牙?"

笔者接过标本,连声说道:"牛上门齿。"

吴雁镇静了一下:"好大的牛门齿!"

是呀,这颗牛门齿不仅个大,门齿远端的切缘部分还呈现出若干个凹凸不平的疤痕。

牙齿出土时的情景

吴雁立刻对其作了仔细的观察，边看边说："这种凹凸不平的形态，好像被打击过。"

笔者接过话茬："说得对，被打击过。这是因为牙齿的硬度大，史前人类常常用其制作工具。你瞧，这种打击痕迹在日久天长的来回使用过程中，刃口都被磨损了！"

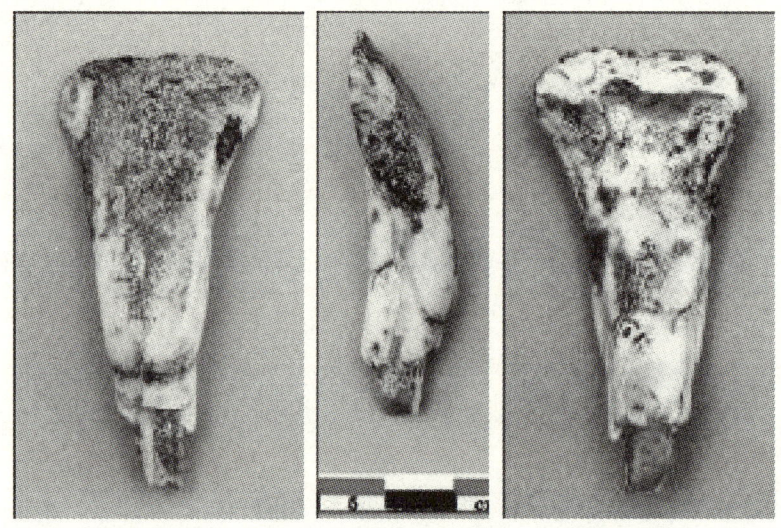

牙制品（左：唇侧观；中：侧面观；右：舌侧观）

讲述完了T8探方的牛牙工具，接下来说一说T3探方的鹿牙、鹿骨制品。

说得形象点，应当叫牙、骨混合器。读者看了以下的记述及图片就会一目了然了。

T3探方的这件牙、骨混合器，刚一出土，未能引起发掘者的注意，当把黏附着的泥巴弄干净后，一看就感到它有点儿特别，特别之处，在于牙床上为何只剩下一颗牙，其余的牙齿，如3颗门齿、4颗前臼齿、3颗臼齿到哪儿去了？

开始，我们以为是食肉动物咬啃骨头时把它们啃掉了。

第十二章 石、骨、角、牙制品

但仔细一瞧,不是。因为牙床上没有一丁点儿啃咬的痕迹。其次,牙齿脱落后的齿槽孔洞十分规整,好像是一种外力作用硬给扒下来的。再说,保留下来的那颗牙齿,不是门齿,也不是前臼齿,而是臼齿,恰好是第2臼齿。

这么个长相的东西是用来干什么的呢?笔者苦思良久,总算悟出了个门道。

牙、骨混合器出土时的情景

原来,牙床当柄,牙齿当锤。这不就成了一把牙、骨并用的锤子了吗!

这种牙、骨混合器,后来又在T7探方出土了好几件,从其形态说,与T3探方者如出一辙,所不同的是材质。两件为象牙,一件为犀牙。其制作步骤,都是利用牙床当柄,牙齿当锤。

鹿牙床制作的牙、骨混合器修复后的情景

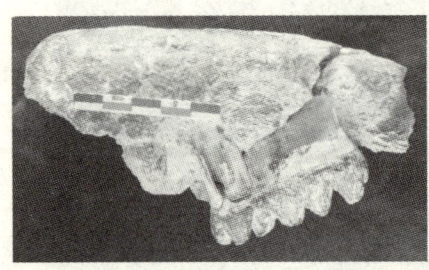 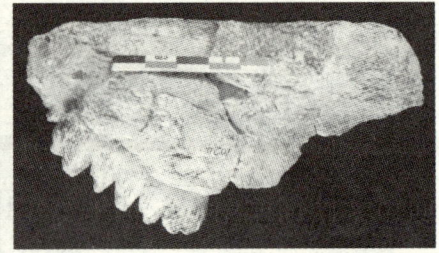

象牙床混合器之一（左：颊侧观，右：舌侧观）

 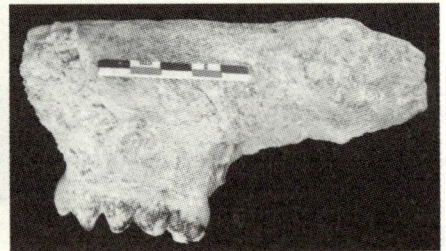

象牙床混合器之二（左：颊侧观，右：舌侧观）

 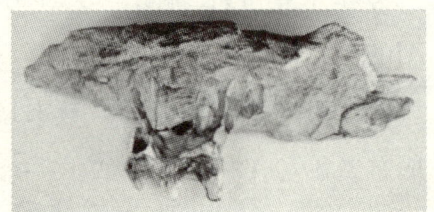

犀牙床混合器（左：颊侧观，右：舌侧观）

第十二章　石、骨、角、牙制品

五、跖骨上的刻槽

2014年冬，我们在整理标本过程中，从一些奇蹄类动物的肢骨材料里，见到了多件跖骨（metatarsal bones），其中编号为239、326和309标本的关节面上呈现出近乎于四方形的刻槽，刻槽大小10～20毫米，深1～2毫米。槽底不平坦，有大小不均的小鼓包。这几件跖骨均出土于T6探方的第2层。

初见第一块（309号）时，以为是细菌腐蚀的。当接二连三的出现，且层位相同、图案相似。这下子可引起了笔者的极大关注，于是笔者拿到光线充足的地方，在放大镜下一瞧，倍感惊讶！第一反应，非细菌所为，更不是流水溶蚀或者动物咬啃的；还有，在309号标本的边缘上，有一圈白色的刻痕，好像是刻者有意圈出的刻槽之边界；再者，三件标本上的刻槽均出现在跖骨的骶面。排除了这些自然因素，余下的考虑，那就是玉米洞人所为。

至于这种图案的含义，有待进一步研究。

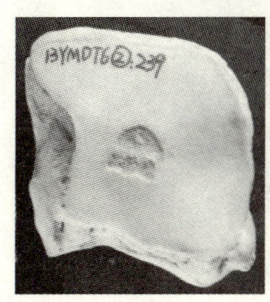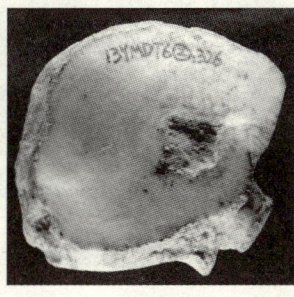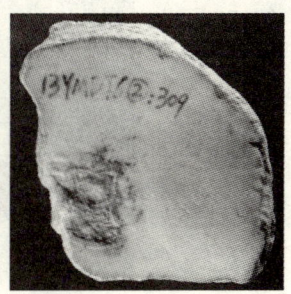

239、326、309号标本底面观

远祖谜踪：巫山玉米洞发掘记

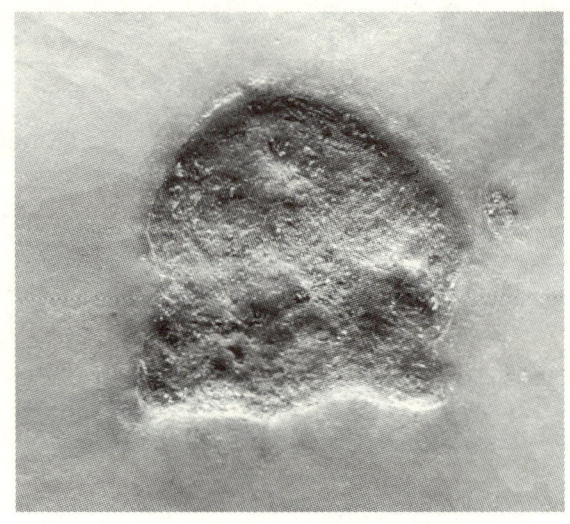

239 图案之放大效果

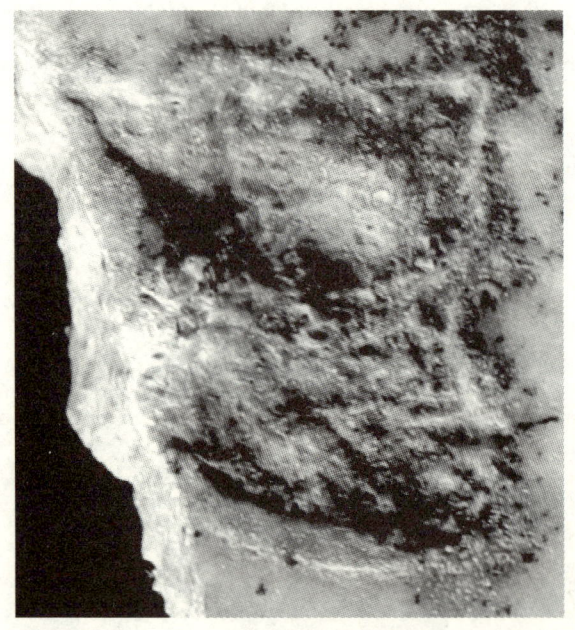

309 图案之放大效果

第十二章 石、骨、角、牙制品

下排左起第 1 方即为 T6 探方

第十三章 哺乳动物化石

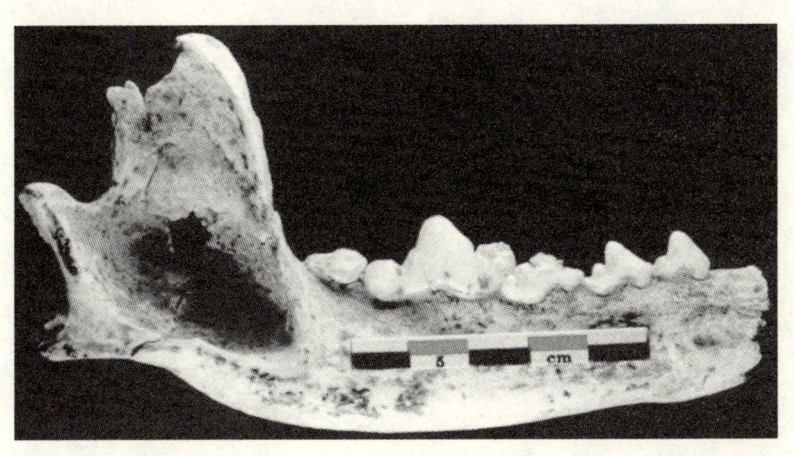

第十三章　哺乳动物化石

自发现玉米洞以来，先后进行过调查、试掘和正式发掘，采集的哺乳动物化石数以千计。但是，材料之中骨块多牙齿少，完好标本如头骨、下颌骨更少。从其材料说，不利于鉴定与研究。但是对本发掘记的记述不会受其影响，因为它是参照发掘者的采集情况记录的。

一、豺 (*Cuon* sp.)

说起豺化石的出土，笔者至今还记忆犹新。

时间大概是 4 月 21 日下午 3 点多钟，正在 T7 探方发掘的庞丽波向笔者招呼："黄老师，您过来看看，出了个下颌骨。"

此时，笔者正好在 T8 探方作业，一听下颌骨，顿时兴奋起来，因为在玉米洞发现的化石中，下颌骨是极其罕见的。于是赶紧放下手里的活，连忙回应："这就过来。"

接过庞丽波手里的标本，尽管表面还黏附着不少泥巴，但从大体棱角和暴露出的牙齿形态看，是犬科动物，至于是狼还是豺，有待论证。不管将来鉴定为什么，在玉米洞是首次发现。

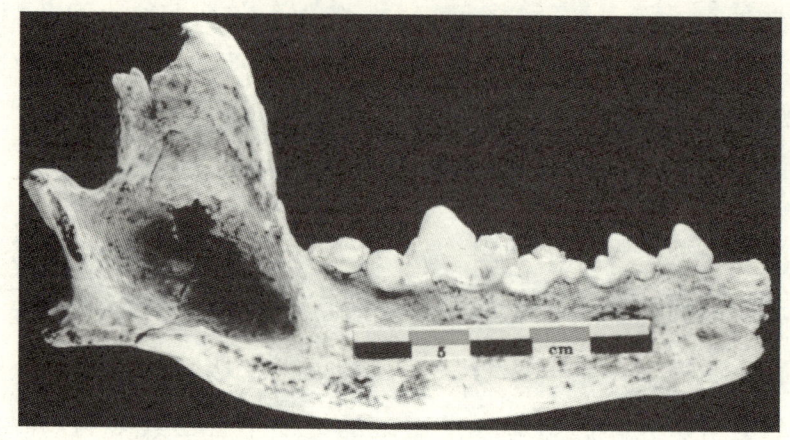

豺右侧下颌骨

二、巨貘（*Megatapirus* sp.）

T6探方主持人陈少坤，发掘起来特别认真，只要是化石，不管是大块还是小块，哪怕是一星半点，他都是认真地采集。

4月21日，上工没有多久，他就刨到了石器和骨片。10点来钟，在他旁边作业的民工刨出个东西，样子像骨头。他摆弄了一会儿，便递给了少坤。少坤一看，急忙问他："从哪儿挖的？"

他指着那块角砾石说："就在那儿，距角砾石不到2厘米远。"

陈少坤把它放回了原地，作了测量、记录、拍照等工序后，用棉纸包裹起来，准备装入袋中。正当他往袋里装下之时，笔者来到了他跟前。忙说："稍等，稍等，看看再装。"

陈少坤十分有礼地说："黄老师，这是个貘牙。"

第十三章 哺乳动物化石

陈少坤在 T6 探方工作时的情景

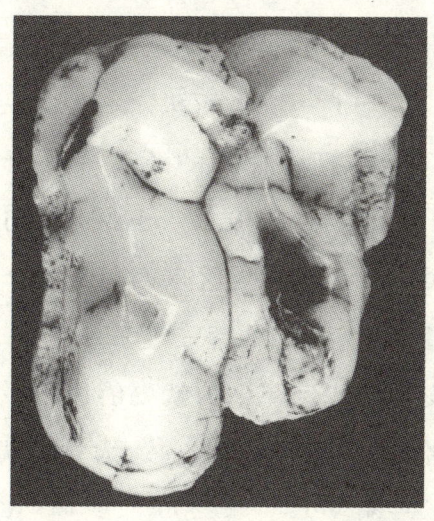

獏上臼齿

笔者打开了包装纸,随后用小针剥去牙缝里的泥巴,一颗洁白的牙齿展现在眼前，于是对少坤说："个头比中国貘稍大，牙齿前、后脊的形态比中国貘稍进步，像是颗巨貘牙。"

"您说得对，就是巨貘牙。"

他接着又说："巨貘化石的发现，对确定地层之年代十分有利。再往下挖，希望能多出土一些类似貘化石的物种。属种多了，不仅能确定地层的相对时代，而且对研究其生态环境也是十分有用的。"

笔者听后，补充了一句："如果往下挖掘，挖出个年代早于巨貘的中国貘化石，甚至是山原貘，那就更加完美了。"

三、双角犀（*Dicerorhinus* sp.）

6月上旬，笔者来到T7探方，没有多一会儿，大龙也来到这里，开始了他的本职工作——修理地层剖面。当修理到剖面边角时，遇上了一块大石头，一民工见状，用地质锤把它敲了下来，随着石块脱落的还有一颗牙齿，他拾起一看，是个犀牛牙，他俩高兴极了。也许是出于好奇，民工指着大龙手里的犀牛牙齿说："这东西可罕见，要是能找到它的角就更值钱了。"

说得对，要是能找到犀牛角就更值钱了。

此时，笔者正好来到他们跟前。大龙一见笔者，随即把犀牛角的事说了一遍。

笔者接过话茬："要了解犀牛角，还得从犀和牛的生物学系统分类说起：犀是奇蹄类动物，牛是偶蹄类动物，虽然

第十三章　哺乳动物化石

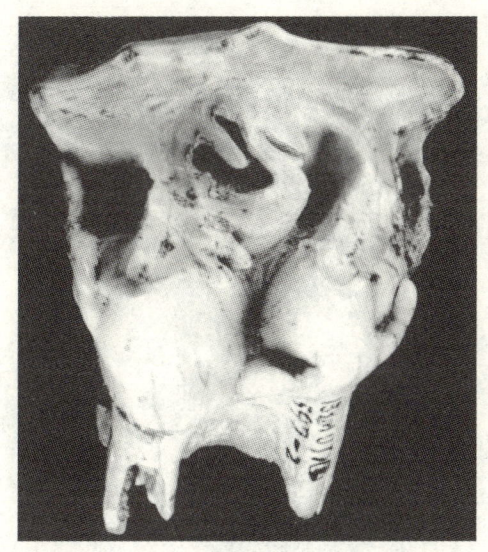

犀上臼齿

它们头上都长角，可是角的生长部位却不同。牛角生长在顶骨上，犀角则生长在额骨或鼻梁骨上。再者，犀角的成分是角蛋白，属于皮肤衍生物，这种成分易于腐烂，故变成不了化石。而牛角，有角心和角套，角心是骨质，易于保存为化石，而角套是角蛋白，与犀角一样，易于腐烂，成不了化石。"

一民工听后，拍着大龙的肩膀说。"明白了，在化石王国里是找不到犀牛角的！"

四、鬣狗（*Hyaena* sp.）

首例鬣狗化石是在 T5 探方出土的。

5 月 28 日那天，主持人刘光彩在 T5 探方西北角发掘，挖出个带尖带刃的东西，样子是颗食肉动物牙，是什么食肉动物的牙,刘兴彩说不准。

刘光彩在 T5 探方发掘的情景

此时,笔者正好经过 T5 探方,光彩一见立刻打招呼:"黄老师,您下来看看,这是个什么动物的牙?"

笔者见她手里那颗白花花的牙齿,虽然细微结构看不那么清楚,但从大小和棱棱角角的样子判断,多半是个食肉类动物的牙齿。走近一瞧,可不是嘛,一颗保存极其完好的鬣狗上第 4 前臼齿。

光彩随即问道:"您怎么认出它是鬣狗上第 4 前臼齿,而不是老虎的上第 4 前臼齿呢?"

笔者指着牙齿说:"鬣狗的上第 4 前臼齿比老虎的上第 4 前臼齿大,更重要的一个标志是,鬣狗上第 4 前臼齿的原尖很大、位置靠内侧,而老虎的这个原尖很小,位置靠外侧;再者,鬣狗牙的外壁有许多皱纹、不光滑,而老虎的无皱纹，是光滑的。"

光彩听后，又从包装袋里拿出一颗牙齿递给了笔者。笔者接过一看，它是鬣狗的下第1臼齿。从其形态看，它的前后叶都宽大，跟座很小，一般视其为最后鬣狗（*Crocuta ultima*）。

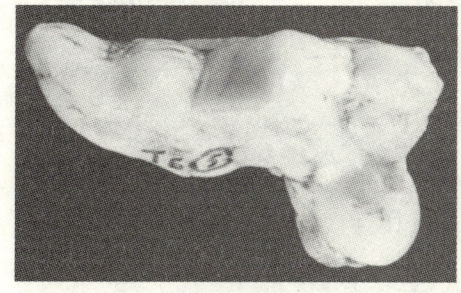 

鬣狗上第四前白齿（左：嚼面观，右：侧面观）

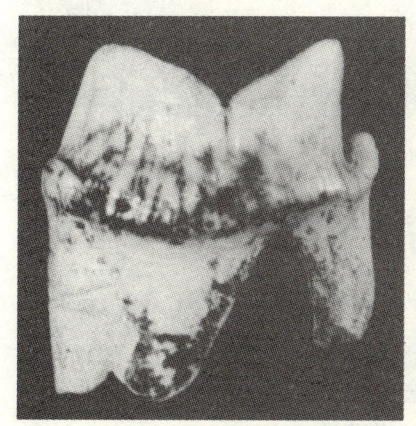 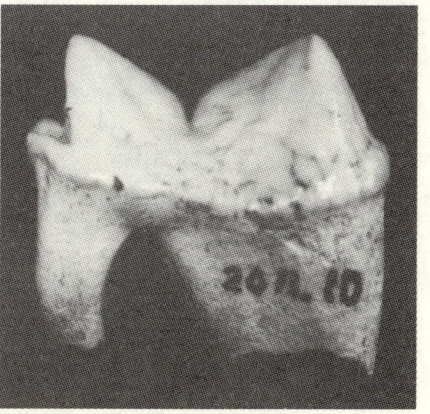

鬣狗下第一白齿（左：外侧观，右：内侧观）

五、剑齿象（*Stegodon* sp.）

这种象化石在 T1、T3、T5、T7、T8 探方都出土过，其材料，绝大部分是臼齿，其中也有门齿。笔者在 T5 探方见到的那件门齿，在破裂的边缘上还呈现出多处疤痕或沟槽。这样子的形态，无疑是人工打击的。类似这样的标本，后来陆续出土了好几件，且都是牙尖部分，如下图所示。

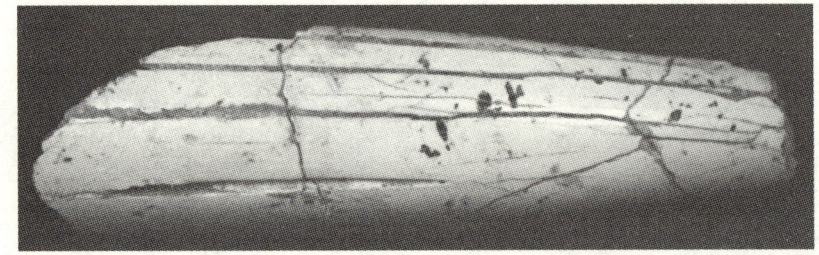

T5 探方出土的象门齿尖端部分

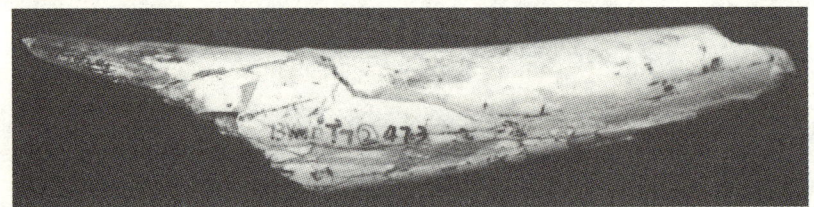

T7 探方出土的象门齿尖端部分

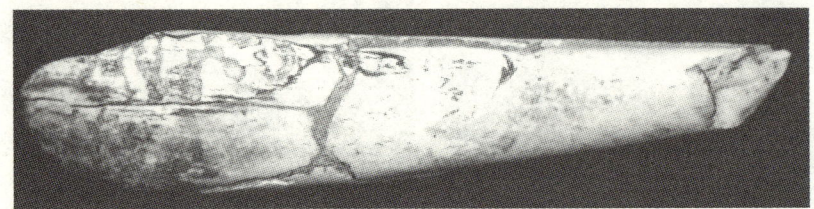

T3 探方出土的象门齿尖端部分

T8 探方出土的象门齿尖端部分

第十三章 哺乳动物化石

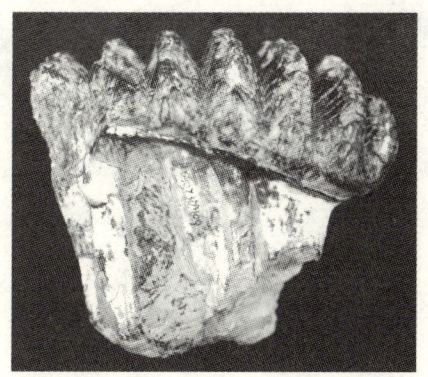

T3 探方出土的剑齿象牙齿

六、巴氏大熊猫（*Ailuropoda melanoleuca baconi*）

目前见到的大熊猫化石，均出土于 T1 探方，下面这张图片上的牙齿，左起第 1 颗是臼齿，余下的 4 颗都是前臼齿。

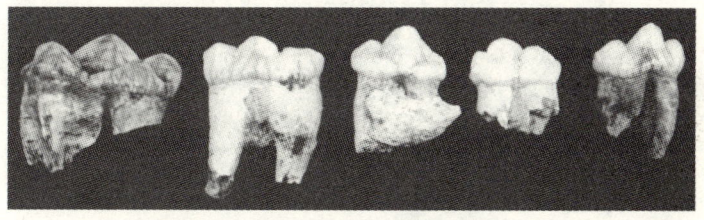

T1 探方出土的大熊猫牙齿

七、虎（*Panthera tigris*）

玉米洞出土的虎化石，计有犬齿、下前臼齿和趾骨。犬齿出土于 T7 探方，下前臼齿出土于 T5 探方，趾骨出土于 T2 探方。

虎（左：犬齿；右：前臼齿）

八、马（*Equus* sp.）

目前发现的马化石仅有一件下臼齿，出土于 T6 探方。牙齿的磨耗程度很深，几乎磨到了牙根。从这个意义上说，可称得上是匹老马。

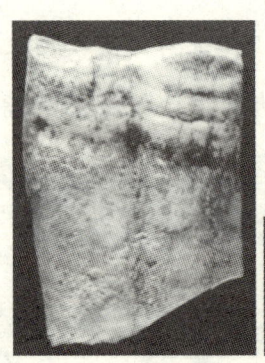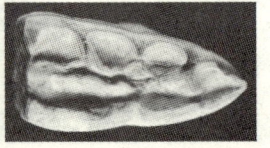

马下臼齿（左：侧面观；右：嚼面观）

九、野猪（*Sus scrofa*）

玉米洞出土的猪化石计有牙齿和肢骨。T7 探方的这件标本，为一上臼齿。从其牙尖壮实、釉质层较厚等情况判定，它不是家猪，应视其为野猪。

第十三章　哺乳动物化石

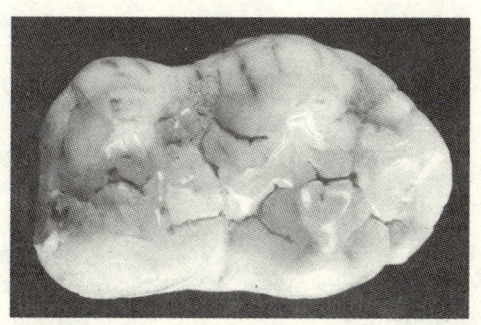

野猪上臼齿

十、肢骨（Limb bones）

第一件肢骨出土于 T3 探方。那天，笔者正好在这个探方作业，挖着挖着，忽然听到张真龙自言自语地嘟囔起来："这是个啥动物的骨头，怎么这么大！"

笔者听后急忙赶了过去。由于出露的部分仅限于远端，其貌不扬。当把近端的泥巴清理后，从其大小和结构看，是奇蹄类的肱骨。

肱骨

说到骨头化石，在 T7 探方和 T3 探方出土的材料较多，而且常常与石制品埋藏在一起。骨头的走向无规则可寻，东一件，西一件，且破碎严重。从骨片的破裂面上观察，打击痕迹多于食肉类动物的咬痕。

露出层面的牛肩胛骨

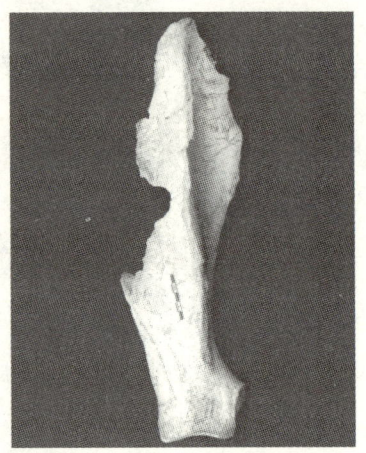

修复后的
肩胛骨

骨化石与石制品混杂一起

第十三章 哺乳动物化石

十一、肋骨（Rib）

玉米洞出土的肋骨，有10多件，但保存较好的不多。下面记述的这根肋骨，出土于T7探方。

庞丽波在此工作，她认真负责，一会儿挖出一件石器，一会儿刨到一块骨片。当她包裹好出土物后，一民工便喊了起来："庞老师，你快来看，这是个啥子骨头，怎么这么长！"

小庞随即跟了过去，一看是根肋骨，立即让他们停下，不要乱动。

庞丽波在T7探方发掘的情景

在T8探方作业的魏光飚了解到T7探方的忙碌景象，立即来到T7探方，想协助小庞一下，但没有料到，坐下不久，就从泥巴里拾到了几块石片，仔细一瞧，边缘上的疤痕清晰可见。

魏光飚在T7探方观察石片的情景

此时，笔者刚好路过T7探方，便拍下了光飚聚精会神的模样。

笔者拍完照片，打算与光飚交谈几句，忽然注意到探方西壁下露出了一条长长的肋骨，笔者放弃了与光飚交谈的念头，立刻把视线转向了那根肋骨。

肋骨的两头都已损坏，从其疤痕看，不像是自然营力所为，再有，肋骨的上下边缘，同样有若干疤痕。笔者指着肋骨边缘上的一个个凹坑对小庞说："这根肋骨，除了有助于生物学的研究，还有助于对人类行为的了解。"

肋骨（左侧观，右侧观）

第十四章 地层、溶洞与年代

第十四章 地层、溶洞与年代

本章节记述的是玉米洞的地层、溶洞和年代。说到地层，目前仅限于 T1～T8 探方挖开的堆积剖面，因此有其局限性，或者说仅对玉米洞东南侧堆积地层作一梗概的了解。溶洞和年代亦然如此，有其局限性，待系统地发掘、研究后方可获得玉米洞堆积地层、岩溶洞穴和地质年代等全方位的信息。

一、T1～T8 探方地层剖面

自玉米洞试掘到正式发掘，共布设了 8 个探方。其挖掘深度有深有浅。T1 探方最浅，接近 3 米；T2 探方最深，超过 5 米；其余各探方均在 4 米左右。

T1～T8 探方出露的堆积地层，均为夹角砾或"钙板"的岩溶型黏土。我们认为，这种堆积地层是由于气候的频繁变化形成的。具体而言，一次湿热化作用，产生了一层岩溶型黏土，一次碳酸盐类物质富集，产生了一层"钙板"。与此同时，来自洞室、洞外的大量石灰岩角砾参入其内，构成了玉米洞的整个堆积地层，从 T1～T8 探方揭露出来的地层剖面，即可一目了然。

笔者在观察 T1～T8 探方的地层剖面时，唯有 T6 探方出露的剖面较好，好在层次清晰、色调分明。特别是剖面中的3、5、7、9"钙板"层，由于岩性稳定，凸显剖面，且在其他各探方亦有分布，进而成了玉米洞堆积地层的可用于对比的标志层位。

有鉴于此，本发掘记将T6探方之堆积地层剖面岩性作一示范性描述，以资对比。

第1层：表土。色灰黄，含陶片、灰烬等物。

第2层：浅棕色砂质黏土。含石灰岩角砾，靠西侧粒度稍大，东侧稍小，局部由碳酸钙胶结。层中含近代人肢骨和小哺乳动物亚化石。

第3层：棕黄色岩溶型黏土。层状分布，碳酸钙胶结，性硬，俗称"钙板"。层中含石制品及哺乳动物化石。

第4层：灰黄色岩溶型黏土夹石灰岩角砾。靠下部出现灰烬及石制品等物。

第5层：棕黄色岩溶型黏土。层状分布，碳酸钙胶结，性硬，俗称"钙板"。层中夹条带状石灰岩角砾，含石制品及哺乳动物化石。

第6层：石灰岩角砾凸镜体，西侧稍厚，东侧稍薄，碳酸钙胶结，性硬。层中含哺乳动物化石及石制品。

第7层：棕色岩溶型黏土。层状分布，碳酸钙胶结，性硬，俗称"钙板"。中部夹少量石灰岩角砾，含石制品。

第8层：石灰岩角砾夹浅棕色黏土。含哺乳动物化石及石制品。

第9层：浅棕色岩溶型黏土夹石灰岩角砾。层状分布，碳酸钙胶结，性硬，俗称"钙板"。含石制品。

第10层：石灰岩砾角夹浅棕色岩溶型黏土。轻微胶结，含石制品及哺乳动物化石。

第 11 层：棕色岩溶型黏土夹石灰岩角砾。含石制品及哺乳动物化石。

第 12 层：石灰岩砾角夹浅棕色岩溶型黏土。含石制品。

第 13 层：石灰岩角砾夹少许浅棕色黏土。含石制品及哺乳动物化石。

第 14 层：浅棕色岩溶型黏土夹石灰岩角砾。

以下是 T1～T8 探方在洞穴的分布及其各探方堆积地层剖面之出露情况，现以实体图片展示如下。

(a) T1 探方　　　　　(b) T1 探方地层剖面

T1 探方及地层剖面

(a) T2 探方　　　　　(b) T2 探方地层剖面

T2 探方及地层剖面

(a) 左:T3探方,右:T4探方

(b) T3探方地层剖面

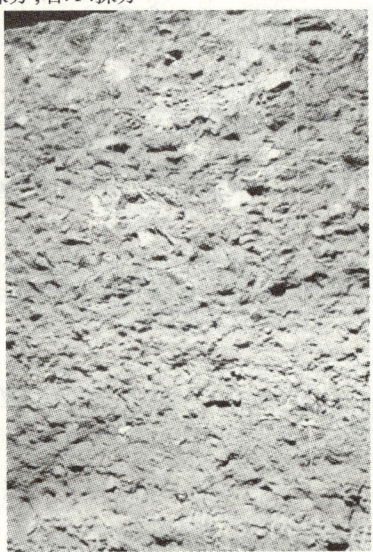

(c) T4探方地层剖面

T3~T4 探方及地层剖面

第十四章 地层、溶洞与年代

(a) 上排左起第2方位,即为T5探方;下排左起第1方位,即为T6探方

(b) T5探方地层剖面

(c) T6探方地层剖面

T5~T6 探方及地层剖面

远祖谜踪：巫山玉米洞发掘记

(a) 下排左起第1方位，即为T7探方；第2方位，即为T8探方

(b) T7探方地层剖面

(c) T8探方地层剖面

T7～T8 探方及地层剖面

二、玉米洞及其天窗的形成

玉米洞的形成，就其机理而言，主要是由于地壳的隆起幅度趋于缓慢，岩层倾覆小，地表水水面与地下含水层水面等高，在这样的岩溶地质背景条件下，促使地下水沿着等高的水位溶蚀，久而久之，便形成了像玉米洞及其附近的仙女洞、十八堂等水平型溶洞。类似于这种地质条件形成的溶洞，在"山原期夷平面"和"鄂西期夷平面"广为分布。

天窗的形成，其机理与溶洞是一致的。但必有一前提，即在地上河与地下河之间，岩层局部地段有缝隙或破碎带，并处在消泄地面水或地上河水的状态下，含有二氧化碳的水沿着缝隙或破碎带溶蚀，久而久之，缝隙或破碎带扩大成一落水洞。日后露出地面，便成了今日所见的"天窗"。玉米洞的"天窗"，可以说是这一喀斯特景观之典范。

我们在考察期间，观察到天窗四周的石灰岩壁，至今还保存着当年消泄地面水溶蚀的波状起伏的痕迹。与之相比，而今的天窗顶面，居于灌木和杂草之间，只有季节性雨水洒落其上，对岩壁的溶蚀作用几乎是微乎其微的，然而岩壁上的绿茵小草，却得到了雨露滋润，常绿常青。

玉米洞的天窗，依余老大的小弟余老二说，除了东南角这个大的，在东北角还有个小的。笔者为了证实其存在与否，专门拜访了余老二。

11月5日，笔者与余老二在同一探方发掘。为了便于交

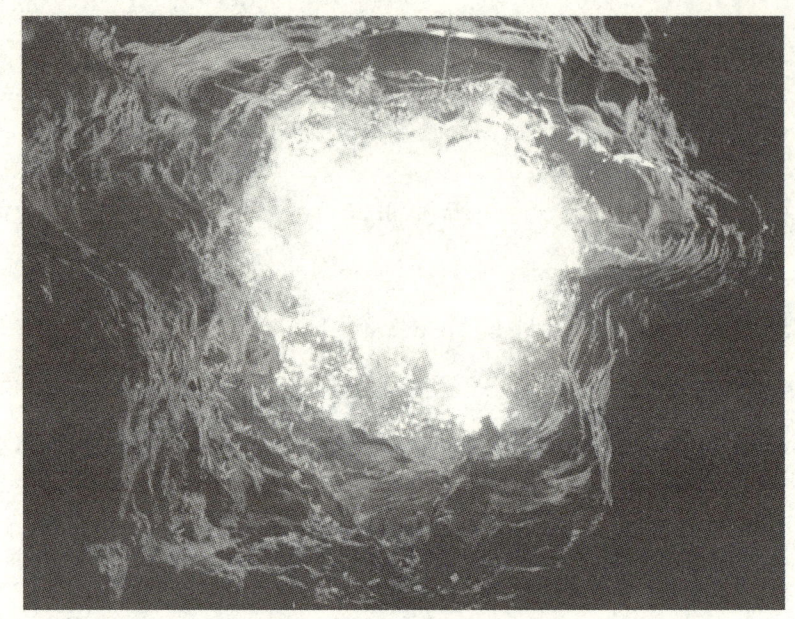

窗壁上消泄地面水留下的蚀痕

谈，笔者主动靠近余老二身旁，并与他答话摆龙门阵。当把话题转到天窗之时，便直截了当地问了问余老二："听说玉米洞还有小天窗，这是真的吗？"

"当然是真的。村里人差不多都知道玉米洞有两个天窗，一大一小。"

笔者接着又问："你见过那个小天窗吗？"

"不仅见过，还从天窗下去过。"

"此话怎讲？"

余老二叹了口气说："记得是新中国成立初期，我在玉米洞顶上放羊，有只小羊羔不小心从天窗口掉了下去。这下子可把我吓傻了，怎么办？立刻跑回了家，拿着麻绳和砍刀，在老爸的协助下，拉着麻绳从天窗滑了下去。还好，小

第十四章 地层、溶洞与年代

天窗顶上的塑料薄膜,为植蘑者覆盖

羊羔见了我十分亲切地咩、咩、咩地叫了起来……"

余老二的叙述,揭开了玉米洞有多个天窗之谜!

为了用图解的方式表明玉米洞及其天窗的形成,笔者三番五次地考察了天窗和洞室的形态,特别是洞壁的蚀痕和蚀痕的走向,以此弄明白水的流向和水动力的强弱。依其资料,现在可以这么说,在玉米洞及其天窗的形成时期,气候湿热,季节性雨水暴涨且频繁,导致地面水及地下水富集,为溶洞及其天窗的溶蚀扩大提供了充足的能源。这种溶蚀作用,一直持续到地势升高,水动力削减为止。下面几幅演示图,就是依其这种岩溶作用而绘制的。

1. 山原期夷平面地上河、地下河发育期

此时期的地壳隆起幅度趋于缓慢，地表水水面与地下含水层水面流速平缓，两者间的岩层缝隙开始发育，如下图所示。

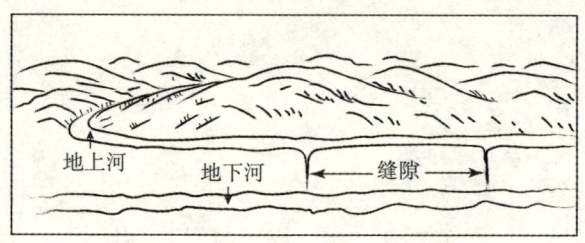

溶洞、缝隙发育

2. 山原期夷平面地上河、地下河扩展期

此时期的地上河、地下河及其两者间的缝隙在不稳定的地质营力作用下，河道及其缝隙逐渐扩展、增宽，局部地段溶蚀成了宽畅的溶洞，缝隙则溶蚀成了落水洞，如下图所示。

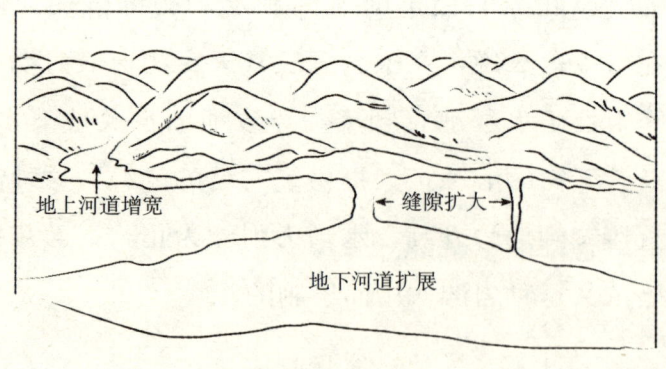

溶洞、缝隙扩展

3. 山原期夷平面地上河、地下河消失期

此时期的地上河、地下河及其两者间的落水洞在稳定的地质营力作用下,流水消失,溶蚀作用停止,溶洞及天窗形成,如下图所示。

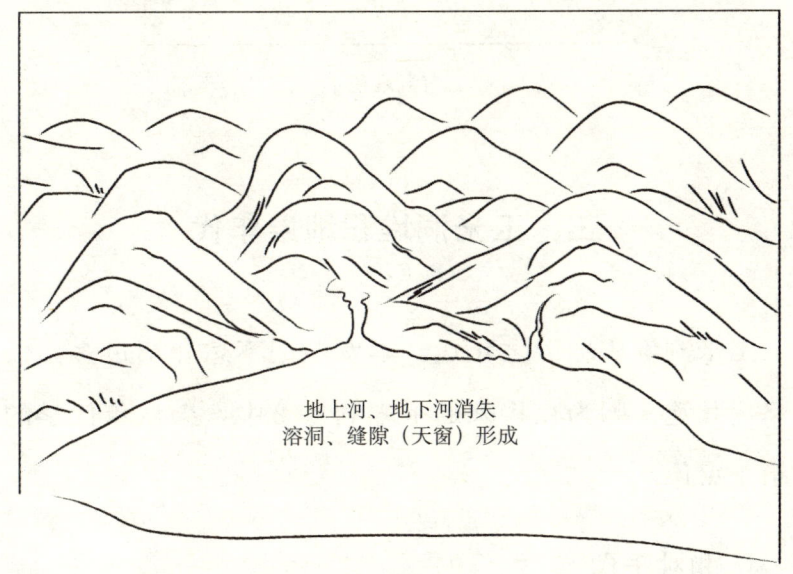

溶洞、落水洞形成

4. 人类进入溶洞活动期

此时期受青藏高原的强烈隆起,地上河、地下河完全消失,溶洞及落水洞露出地表,角砾岩块和大量岩溶型黏土充填其内,构成了中、晚更新世的堆积地层。在堆积的过程中,时有人类出没或间断性留宿,从而在堆积地层中含有石制品、骨制品、牙制品和哺乳动物化石等大量遗物。

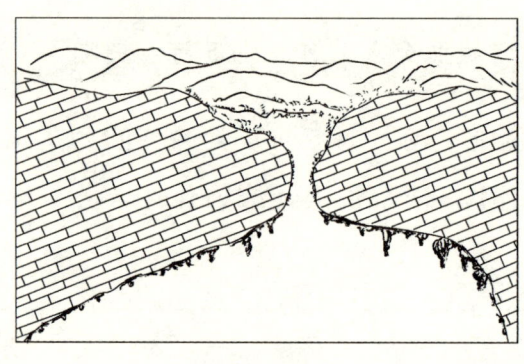

溶洞堆积

三、玉米洞堆积地层年代

玉米洞堆积地层之年代，本发掘记不想介绍过多，仅在此略述几笔。因为在将来的玉米洞专著中，会从年代学的角度给予定位。

1. 相对年代

一般来说，相对年代的数据，是根据地层中的生物遗迹、层位对比等方式获取的。就此而论，玉米洞的生物遗迹主要是哺乳动物化石，目前整理出来的种类，计有 30 余种。从大、小哺乳动物化石的绝灭属种与现生的相近属种的数量的比例看，玉米洞动物群中的绝灭属种少，广布及现生分子居多。由此而言，玉米洞堆积地层的相对年代，拿 T4 探方剖面来说，1 层为全新世晚期；2～4 层为晚更新世；5 层以下为中更新世。

诚然，目前的这种划分是十分粗略的，因为玉米洞的发掘工作仍在进行,一旦增添了新的内涵,其年代定位的可靠程度就会更加令人置信。

2. 铀系年代

绝对年代的测定,目前只用上了铀系法,并仅对 T4 探方作了测定。

第 2 层:测年材料——骨化石;年代按(B. P.)——8 000 年。

第 3 层:测年材料——骨化石;年代(B. P.)——75 000年。

第 4 层:测年材料——方解石微晶;年代(B. P.)——190 000 年。

第 5 层:测年材料——方解石微晶;年代(B. P.)——390 000 年。

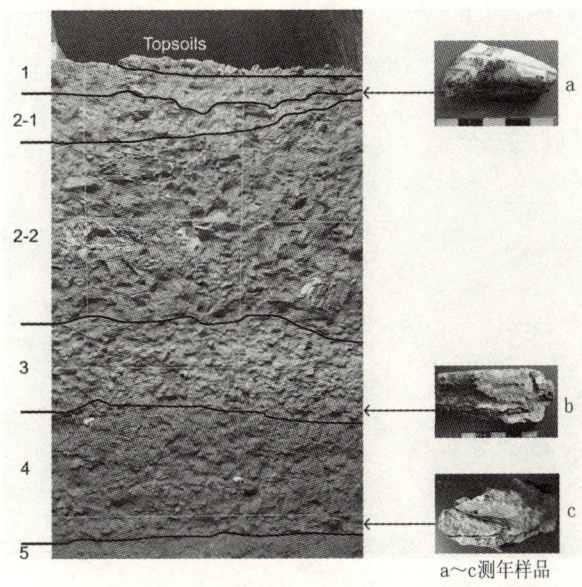

T4 探方测年层位

第十五章 发掘工地一瞥

第十五章　发掘工地一瞥

一、洞口外的采集品

自入洞考察、发掘以来，笔者同贺存定多次在洞口外的空地查看，总觉得这块空地很适合于早期人类在此活动，并计划作一试掘。自产生这种思路以后，只要经过此地，总想东瞧瞧，西望望，有时候还用小铲刨一刨，看看堆积层里有无石器可寻。

说来也巧，存定也常在洞口附近寻找。但他的运气好，没有过多久便拾到了好几件采集品（脱离地层的标本称其为采集品）。其中有两件，无论是器型还是疤痕，恐怕谁见了都会说它是人工打制的。有一次，他还拿进洞来，特地向刘光彩讲解该标本的打击疤痕和制作技巧。

二、卷扬机

考古工作者在田野作业期间，当发掘探方深度超过2米时，锄起土来就感到困难，这种情况恐怕每位考古工作者都体验过。玉米洞就处于这种状态，开始时，探方与地面持平，挖掘起来得心应手，泥沙搬运简便。挖下2米后，搬土或挑土都很吃力。

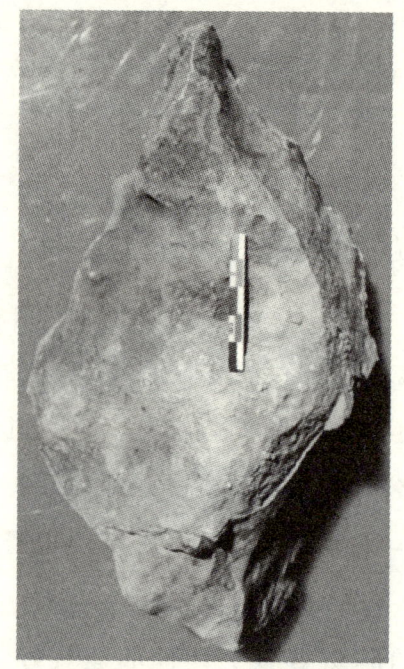
洞口外的"石制品"

贺存定向刘光彩讲述的情景

怎么办？笔者向存定提了个建议："可否采用古老的发掘方法，用绳一筐一筐地往外拉土。当年美国古生物学家葛兰阶在万县盐井沟发掘期间，就是用绳和筐，从30～40米深的竖井里硬是一筐一筐地把泥巴和化石拉了上来。"

张真龙接过话茬："我们在T2探方发掘时，就是用绳拉的。暂时搞几下还凑合，时间长了可不行。您想，玉米洞的探方多，挖掘深度又大，唯有卷扬机才能助我们一臂之力。"

大龙风趣地接过真龙的话说："对头，用卷扬机起土，既省力又省时。"

不知是谁插了句嘴："卷扬机当然好啰，可到哪儿去找，

第十五章 发掘工地一瞥

远水解不了近渴。"

初期发掘的情景

井深过 2 米的情况

贺领队听了大伙的议论，思索了一会儿说，同意用卷扬

井深过 4 米的情景

机出土。说完,他就与大龙、真龙一块商量起来。最终决定:租用。

第二天,正好逢集,又赶上是个星期天。贺领队与张真龙在庙宇镇寻找了多家卷扬机业主,其结果都不理想,要么机械陈旧,要么租金太贵。

怎么办?大伙儿建议购置一台。

谈何容易,一要经费,二要审批。考虑再三,决定与魏光飚所长商议,请他向三峡博物馆领导申请,能否购置一台卷扬机。

没有想到,这个请求立即得到了批准。

有了卷扬机,大大地加快了发掘进程,也就是说,发掘者只要把泥土装入箩筐,一个口令,200 来斤重的泥土,轻

第十五章 发掘工地一瞥

装配好的卷扬机

轻松松地卷了起来,然后装入手推车,不一会儿,车子就"消失"在那边的崖壁下。

手推车运土

三、冲击钻

冲击钻这东西，它的用途多见于矿山或建筑工地。而今当做发掘工具使用，未免令人不可思议。这是因为，洞穴在形成过程中或在风化剥蚀过程中，洞壁、洞顶之岩层由于受到地下水的侵蚀或者地质营力的作用，会导致岩层崩塌物堆积在地层之中，或者洞外山坡的风化角砾被季节性流水冲入洞内，堆积在地层之中。这种含有石块的堆积地层一旦被碳酸盐类物质胶给起来，十分坚硬。用地质锤砸击，也毫无作用，有时用十字镐也对付不了。在这种情况下，不得不用冲击钻帮忙。

冲击钙质层

第十五章 发掘工地一瞥

诚然,倘若在石块的胶结体中有文物出现,那就另作别论了,也就是说,不仅冲击钻不能用,就是地质锤也得靠边站。唯一的工具就是小钢针,一点一点地往下修,直至把文物完好地取出来。

剔针修理

四、照明

不了解实情者会问,玉米洞有那么大个天窗采光,还要照明?我们的回答是:要。

其一,我们的发掘工作,不局限在天窗下作业,而是整个洞穴。

其二,考古发掘是一件十分细致的工作,对每一件出土物都要作初步判断，尔后才对其作三维测量。

其三，每个探方的堆积地层剖面，都要进行岩性分析，层序划分和对比。

以上几个方面的工作，仅仅靠天窗下的光亮是远远不够的，必须供电照明。

照明的方式，可以自带发电机供电，也可以在附近农家引线供电。考虑来考虑去，采用了后者。于是与农户唐大妈商量，从他家电表拉一电缆入洞，行不行。唐大妈欣然同意，并说："在我家拉线入洞，既省线、又方便。因为我家距离洞口不足 50 米。"

有了电源，张真龙就有了用武之地。

他把电表、电路、配电箱等，搞得有条不紊，1 千瓦的石英灯管，照得各个探方亮堂堂、暖烘烘的，毫不夸张地说，落下一根绣花针，也能信手拾起来。

布设电路

照亮探方

五、修理地层剖面

玉米洞开设了 8 个探方，除 T1、T2 探方外，其余各探方面积 5 米×5 米。挖掘深度，除 T1 探方因含水层渗水之故，至 3 米暂停外，T2～T8 探方深度均挖至 4.5 米。这么深的探方剖面，无论近观，远眺，都修理得四棱四角，层次清晰。不仅如此，四壁均留有规整的台阶，谁见了这般场景，都会赞不绝口。

龙代清修理的探井剖面

若要问及修复者是谁，他就是龙代清。

龙担任此项工作的优势在于，他是石匠出生，在瞄准剖面线上，其功夫超人一等。笔者也曾试探过，比如 T5 探方的西北角，搞了好几次，都不规整，看上去总觉得有点儿高低不平。最终，还是大龙出手，才算交了令人满意的答卷。

六、工地缝补

有事外出归来的陈姓民工,由于误了点儿工时,一下探井,操起小铲就刨了起来。不一会儿就刨出了好几块骨头,骨头旁边,还有几颗鹿牙。

在场的张真龙见状,立刻叫了声:"老陈,不要乱动,等测量、记录后再取。"

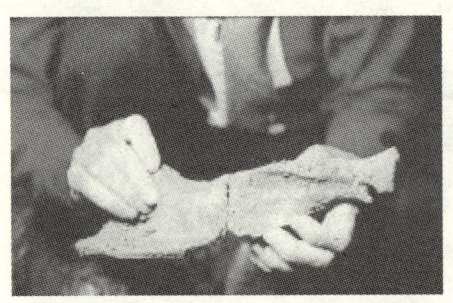
骨头

鹿牙

老陈把化石放回原位后,站在一旁,细细地观察着张真龙的操作规程。接着,蹲下来帮助真龙整理化石,包装化石。也许,蹲的时间久了点儿,他见一马扎闲置在旁,随手端了过来,一屁股坐了下去。没有想到,这马扎与骨架之间的缝合线断了好几个口子。他这一坐,线头彻底撕裂,摔了个大马哈!在场的民工拍手大笑。

刘光彩急忙问道:"有没有摔着?"

他摇摇头,安然无恙。

光彩拿过马扎,看了看撕裂情况,感到问题不大,可以修复。于是用早有所备的针线，一针一针地缝了起来，不多时，大功告成。

凭借光彩娴熟的针线技艺，她修理好了全部的马扎，使大家坐起来更加安心、踏实！

缝缝补补

七、来访者

玉米洞自纳入考古调查、发掘以来，不少群众入洞看稀奇，附近学校的学生，也利用周末之机，抽空前来参看、学习。

原本不想对外宣传，因为工作刚刚起步，倘若宣传开了，来往者就会倍增。一来影响工作，二来不利于保护，可是没有不透风的墙。有一次,来了一批客人,说他们是市政协的。殊不知,其中有位记者,由于不知实情,笔者对她的提问,毫无保留地作了解答。数日后,《重庆晨报》刊登了一则有关玉米洞的发现及其科学意义的文章。这才使我们恍然大悟。

重庆市参观者

打那以后,来访的客人增多了,比如,重庆三峡博物馆,区、县、镇有关领导,中国科学院、大专院校等单位,他们的到访,让我们感到有点儿应酬不过来。也好,我们倒是能听听他们的意见或建议。

南京师范大学的一位老师参观了玉米洞后对笔者说:"我参观过许许多多的洞穴,唯有玉米洞特别令人惊叹,它不仅洞室宽大,堆积厚重,层次分明,内涵丰富,而且还有一明亮的天窗。这样子的洞穴,实在是太难得了,太难得了。"

第十五章　发掘工地一瞥

玉米洞学术研讨会与会者在玉米洞东北角考察

玉米洞学术研讨会与会者在玉米洞西南角考察

重庆文物局、巫山文化局领导在玉米洞考察

中国科学院古脊椎动物与古人类研究所学者在玉米洞考察

第十五章　发掘工地一瞥

三峡博物馆领导在玉米洞考察

三峡博物馆爱好者在玉米洞留影

中小学生在玉米洞学习、参观

八、筛洗、清洗、运输

考古发掘，除了在土块里寻找化石外，对寻找过的泥巴也不轻易废弃。因为这些堆积物是筛洗的最佳原料。用筛洗法不仅获得了小哺乳动物牙齿、牙床和肢骨，而且还获得了更加令人兴奋的标本。1980年秋，笔者在安徽和县猿人遗址发掘期间，用筛洗法就获得过猿人牙齿。

除了筛洗，还要清洗。这就是对采集的石制品、动物化石等在编号包装之前，须要清洗干净。

标本规整好后，接来就是装箱，运输。

2013年，在玉米洞采集的近2000件石器和近1000件哺乳动物化石，以及相关的岩石、土样等装了一辆大货车，从庙宇镇直运重庆中国三峡博物馆。

第十五章 发掘工地一瞥

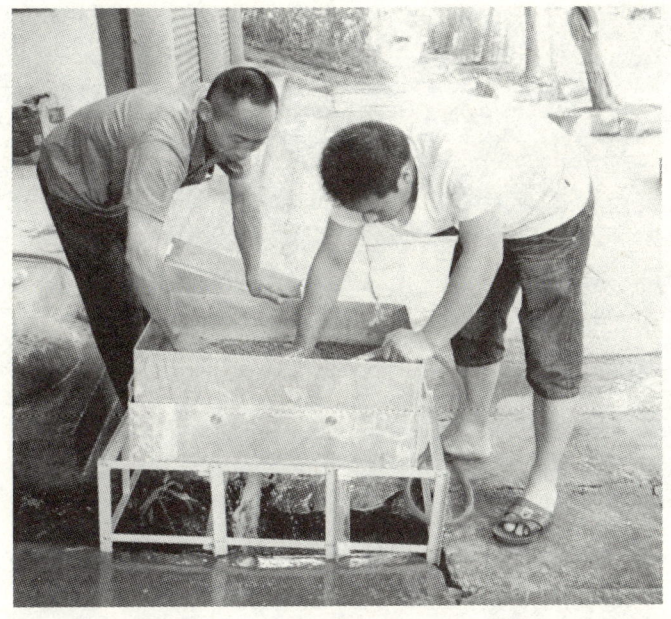

筛洗

清洗

打开包装袋

清洗后晾晒

抬运、装车

第十六章 整理标本

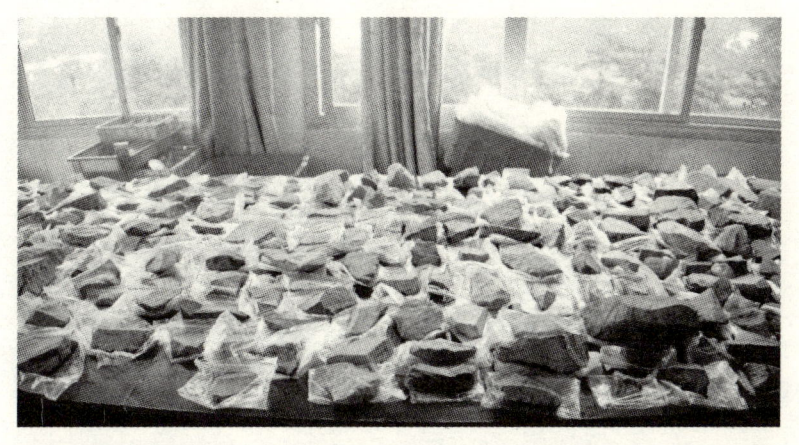

第十六章　整理标本

　　玉米洞的工作纳入研究计划以来，先后采集了石制品近2000件，哺乳动物化石近1000件。这么多的标本陈放在一间不足20平方米的屋子里，可以说是密密麻麻、重重叠叠的，给研究工作带来了极大的困难。光飚所长虽然理解到大伙儿的难处，但他也无能为力，没有办法。随着时间的推移，这个看起来不起眼的问题却越来越令人伤脑筋。拿2013年岁末的一次学术研讨会来说，当与会者要求参观玉米洞的标本时，可把张真龙给忙坏了。翻了个底朝天，几件要看的标本就是不知去向，最后，还是在小刘的帮助下才把它找到了。原来，它们躺在一个安静的角落里"睡着了"。

　　与会者见了这般情景，毫不客气地给光飚所长提了好几条意见。归纳起来，最核心的是该整理标本的时候了。

　　这下子，光飚所长不得不下定决心，把整理标本纳入了2014年的工作计划，时间定在11月至2015年元月。这段时间对我们搞野外调查的来说，是淡季，可以着实地把标本整理一番，清点清点到底有多少件石制品，有多少件哺乳动物化石。然后把它们对号入座，一个不落地编入卡片。

　　但是，老问题又来了，到哪里去找整理标本的场地，我们研究所没有，三峡博物馆亦然如此。唯一的出路——外寻。可是有一先决条件，房间要宽大，租金要便宜。

一、寻找落脚地

经商议,决定去郊区的农村寻找。说起农村,可给光飚所长提了个醒。他突然回想起了 2014 年 7 月考察渝北区张关溶洞时,在一农家乐吃午餐时的情景。

他说:"张关溶洞是个旅游景区,附近有多个农家乐,我建议去那里看看,有没有适宜的地点可寻。"

次日,贺存定、张真龙、张兵一行朝着指定地点出发了。从城里到渝北张关溶洞路程不远,驱车前往也就个把小时。他们走访了多个农家乐,考察、相比后,最终选定了林香村农家乐。

林香村农家乐

第十六章 整理标本

这个地方的住宅面积较大，三层楼的水泥结构，老板和老板娘对人和气，家中又无外人。再说，眼下是旅游淡季，来往的游客极少，价位偏低，很适合于定点整理标本。

光飚所长对此十分满意。他决定，于11月20日起程前往张关。

二、前往张关

这次前往张关整理标本，几乎是倾力出动。参加人员有：魏光飚（领队）、贺存定（执行领队）、黄万波、吴雁、张真龙、刘光彩、张兵和临时工汤启凤。

根据年度工作计划，此次整理标本务必在春节前夕完成。然而屈指一数，满打满算，也只有两个多月。

怎么办？执行领队提出个好建议，本次只整理T5～T8探方的标本，T1～T4探方留下次再说。大伙认为此计可行，光飚所长也深表赞同。

准备工作就绪后，距出发日（11月20）只剩下一天了，存定宣布："明日（19日）各自为阵，准备日常用品，我和张真龙再去商场购置些标本盒，以备后用。后天（20日）9时30分从研究所出发。"

11月20日，根据天气预报，虽说不是阳光普照，但时阴时晴，是个出行的好日子。大约11时许，顺利地到达了目的地——张关林香村农家乐门前。

店老板姓王，老板娘姓杭，一见这帮老少皆有的考古队

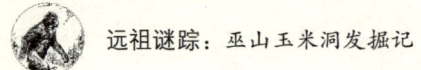

员,热情地迎上前来欢迎大伙儿!

存定与王老板寒暄几句后,随着老板娘来到二楼。笔者跟随其后,当迈过门槛进入大厅,顿时感到豁然开朗,三面玻璃折射出的光线照得大厅亮堂堂的。

存定急忙问老板娘:"有没有宽大的长条桌子,以便我们摆放标本。"

老板娘应声答道:"有、有,但桌面不大。"

笔者插了句嘴:"不怕小,就怕少。"

此时,店老板也来到二楼。立即对我们说:"不少、不少,有10几20个。你们把它拼接起来不就长大了吧!"

"对头、对头,就这么办",存定十分满意地说道。

此时,老板娘突然唉哟一声:"瞧,这么半天了,还没有带你们去看住房呢!抱歉、抱歉。"

存定接过话茬:"没有关系,房间够用就行!"

三、分组作业

午饭后,存定依照标本的属性,分为两个小组:第一组整理石制品,成员有贺存定、吴雁、刘光彩;第二组整理哺乳动物化石,成员有张真龙、黄万波、汤启凤。

存定再次强调:"两个组必须按照分发的表格如实地填写。每件标本的照片要附加其上。最后,将标本的总体数量统计出来。"

笔者在第二组,依探方编码顺序进行,即先作T5探方,

第十六章　整理标本

打开包装纸，依序分类

尔后是 T6～T8 探方。我们的方法是，打开包装纸，取出标本，依层序自上而下进行，且先作牙齿，然后作骨头。

我们的分工是，化石鉴定、简单描述和拍照，由黄万波完成；接下来是张真龙把数据输入计算机表格；再就是汤启凤备号和包装。

描述与记录　　　　　　　　　组装标本号码

巫山县玉米洞遗址出土文物登记卡
发掘地点：庙宇镇小营村玉米洞　　卡片号：重庆中国三峡博物馆

化石名称		描　述	照　片
系统分类			
科 或 属			
种　　名			
化石编号			
出土时间			
照片编号			
年　　代			
尺寸	长		
	宽		
	高（厚）		

记录：　　　　绘图：　　　　日期：

就这样子一个接着一个地进行。时间久了，站起来伸伸腰，饮口茶。也许，别人看起来这么周而复始地干，会感觉到是件十分枯燥的工作。然而我们可不是这么考虑的。就笔者来说，能有机会对玉米洞出土的每件哺乳动物化石目睹一次，倍感欣慰。说不定，在整理过程中还会有所发现。

四、意外的发现

这不是幻想，牛角制品的出现便是一例。

这事，得从 12 月 15 日说起。下午 4 点来钟，张真龙拿着一块骨头摆弄了一会儿便递给了笔者，随即问道："黄老师，这是个什么骨头，怎么全身都是蜂窝状的呢？"

笔者接过一看，立即告诉真龙："它是牛角心。"

"牛角心？"真龙十分惊奇地问。

笔者拿过一张纸，随手画了个牛角，然后指着角的外层

第十六章　整理标本

对真龙说：

"这个部分叫角套，其内是角心，牛死亡后，角套烂了，角心留了下来。这是因为，角套是有肌质，易腐烂。而角心是骨质，不易腐烂。"

真龙接着又问："角心为何是蜂窝状的呢？"

"道理很简单，蜂窝状的孔洞，可以减轻角的重量，倘若长得结结实实的，活动起来就不那么自在啰！"

笔者指着角心继续说："真龙，你瞧，这东西怎么是个三棱形的。底端略平，顶端尖锐。而它的本来面目，应该是弯曲的。笔者用放大镜再次观察发现，在三棱形的边缘上，有擦痕及疤痕，这种现象绝不是自然风化的。"

真龙接过标本，酌量了一会儿，摆摆手：不晓得。

一时间，我们俩难于自答。

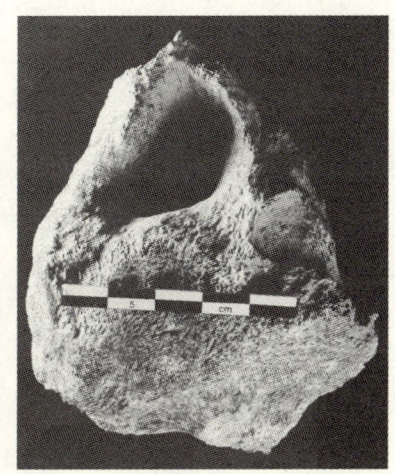

1号角心（左：背面观，右：腹面观）

然而，第二天又出现了一件三棱形的标本。这下子，可让张真龙大开了眼界,一眼就认出了它是牛角心。

笔者见状,与真龙的心情一样——高兴。不过有点儿纳闷,它的长相怎么与昨天见到的如此相像呢?

2号牛角心

又过了几天,再一次出现了三棱形的牛角心。只不过没有前两个那么规范罢了。

为了便于记述,笔者把第一个编为1号,依次是2号和3号。

俗话说,事不过三。说得直率点儿,这种三棱形的东西,应当视其为人工制品。

再述一例。牛角制品出现后不久,12月27日上午10点来钟,张真龙测量完一小段骨片后,随手递给了笔者。

接过标本,与往常一样,笔者照例放在摄影台上拍照,打灯光、对焦点、一按快门,标本的长相进入了相机的存储卡。然而就在焦点清晰的那一刹那,笔者从影像的镜片上注意到了标本的一端有棱有角,且状态特殊,于是立刻放下相机,

第十六章　整理标本

 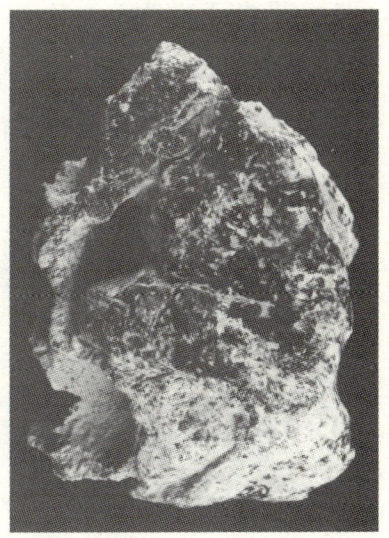

3号牛角心（左：背面观，右：腹面观）

左起：1、2、3号标本总观

把它拿了起来，仔细一瞧，啊，原来是个三棱状的骨锥。

初看，其形成机理似人工磨制的。细瞧，锥体的三个面与主体的接触处略为凹陷，不像是磨制的，更不是自然风化的。那会是谁干的呢？

这个问题，犹如角制品一样，难于自答。

看来，接二连三的疑难问题，有待系统研究时好好地论述一番才是。

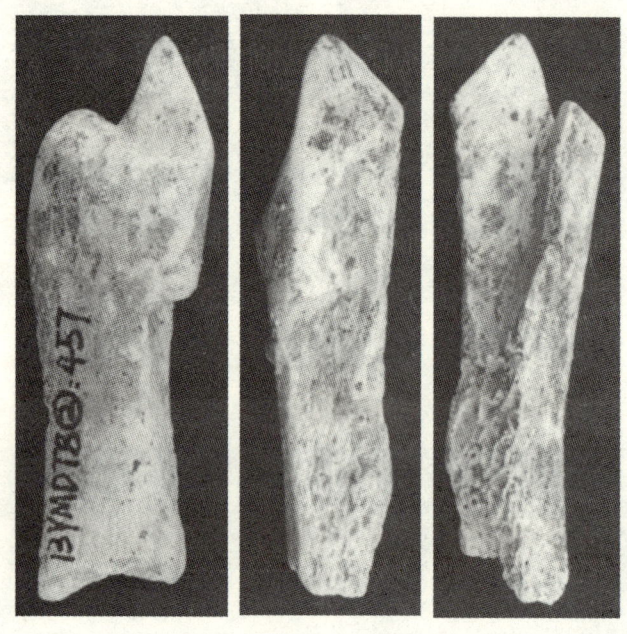

三棱形骨锥

总起来说，通过整理标本，既摸清了家底，又从中得到了许多信息。概括地说，有下列几个方面。

（1）文化遗存的横向分布，无论是哺乳动物化石还是石制品，都以第2层者居多，从此往下，便逐渐减少。

（2）各探方出土的文化遗存，其中以 T6 探方者居多。诚然，这仅仅是目前见到的情况，最终结果，待玉米洞发掘工作告一段落方可知晓。

（3）玉米洞出土的哺乳动物化石，目前见到的情况是，破碎的骨片、骨块多，完好的颅骨、下颌骨少。再者，无论是哪个部位的骨片、骨块，几乎都未风化或被流水溶蚀过。因而这些骨片或骨块的断裂面完好如初，有的还能拼接起来。我们对这种破裂现象的解释是，就地埋藏，而不是异地搬运来的。

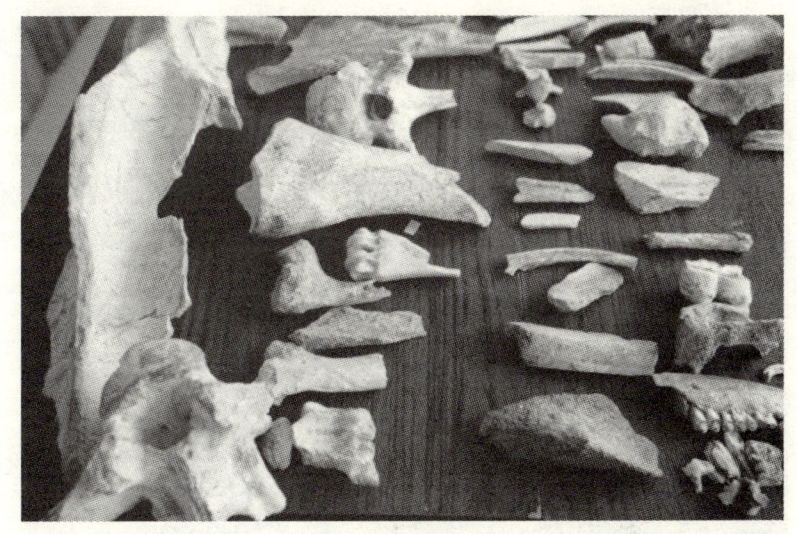

残破骨块

（4）除了上述情况，我们还从中发现了多件骨制品、牙制品和角制品。不仅如此，还见到了跖骨上的人工刻槽（详见文前记述）。

五、繁忙的石制品小组

说完了哺乳动物化石小组，接下来叙叙石器组：

石器组的工作进展比起哺乳动物化石组来说，要慢许多。一是标本数量多（近2000件），且体积重而个头大；二是工序多。笔者对其进行了粗浅的观察，大体情况是：

（1）打开包装纸取出标本摆放桌面。

（2）标本分类，诸如砍砸器、刮削器、尖状器等对号入座。

（3）选择好了模式标本，在有疤痕的边缘用粉笔涂抹标记，接着是称重量、描述、拍照和绘图。然后由吴雁输入计算机之登记表格中。

笔者认为，石器组的工作十分繁忙，用三言两语是难于表达的。还好，笔者手头有几幅照片，大体上能展示一下他们工作的繁忙景象。

打开包装

第十六章 整理标本

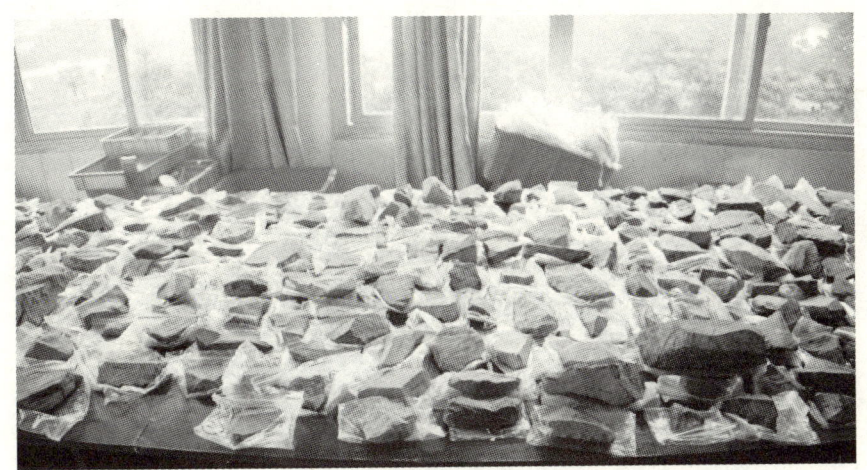

摆放出来的石制品

观察石制品

议论石制品

测量石制品

第十六章　整理标本

用粉笔在石制品疤痕边缘涂抹标记

拍摄石制品

绘石制品

输入信息

第十六章　整理标本

编号

黏接

远祖谜踪：巫山玉米洞发掘记

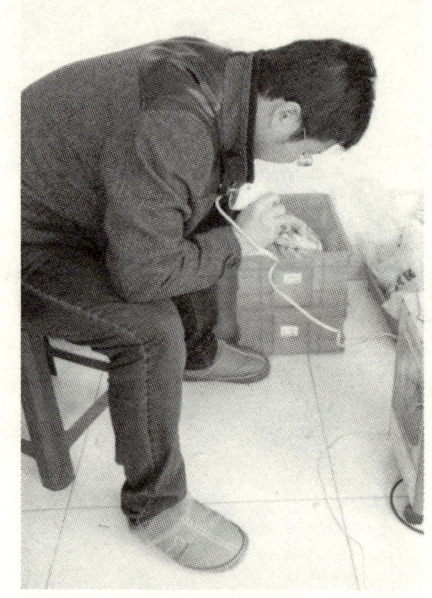

修复

待令出发

后 记

　　历时两年（2012年5月～2014年12月）多的《远祖谜踪：巫山玉米洞发掘记》的撰写工作总算告一段落。它用深入浅出的记载方式，原原本本地记述了玉米洞从发现、试掘到正规发掘的全过程。其中，着重描绘了发掘者与采集品的有机联系、出土物的埋藏状态和属性的初步鉴别，解读了真假骨制品、真假化石和石制品（如手斧）的鉴定标准。最后的几个章节简要介绍了8个探方的堆积地层剖面，推论了玉米洞及其天窗的由来、堆积地层的年代、发掘工作花絮等。再者，本书还收集了在调查和发掘期间拍摄的大量照片和图件，可以说是一本文图并茂的考古纪实史册。

　　作为遗址的发掘记，本应是记录其发掘工作的全过程。然而本发掘记未能如愿。原因是多方面的，正如笔者在前言里提及的那样，玉米洞的堆积地层分布广、厚度大，文化遗存丰富，发掘时间长久，倘若把发掘工作全面结束后再来写发掘记，恐怕太晚了。因为随着时间的推移，人员的变动，一些资料难免有所遗失或遗忘。本书的出版，会为今后玉米洞的发掘提供较好的示范和参考，也有利于今后的系统研究、遗址保护和整体规划。今后我们也会对玉米洞的发掘成果作进一步的整理和补充。

在撰写过程中，笔者走访了参加发掘的同仁，得到了他们的指点和对资料的补充。在随后的文稿传阅过程中，他们又对文稿给予了修正。

但是，由于涉及面广、人多、时间长，顾及不到对每个探方、每个层位，每个出土物的归纳与描述。因此难免有所遗漏或缺陷，敬请领队、探方主持人和发掘者谅解并给予指导和建议。

玉米洞还有更多的地方值得我们去进一步探索和研究。我们深信，在魏光飚所长的带领下，在大家的共同努力下，玉米洞的发掘、研究工作一定能深入下去，为我们揭示更多的人类起源和进化史之谜。

黄万波
2015 年 6 月